公益財団法人 日本漢字能力検定協会

漢検

改訂二版

漢検 漢字学習 ステップ

漢字《かんじ》れんしゅうノート

別冊《べっさつ》

9級

「漢字れんしゅうノート」は別冊になっています。とりはずしてつかってください。

名まえ

※「漢字れんしゅうノート」をとじているはり金でけがをしないよう、気をつけてください。

漢検 公益財団法人 日本漢字能力検定協会

700409 (1-4)

もくじ

ステップ1 引・羽・雲・園・遠・何……4
ステップ2 科・夏・家・歌・画・回……5
ステップ3 会・海・絵・外・角・楽……6
ステップ4 活・間・丸・岩・顔・汽……7
ステップ5 記・帰・弓・牛・魚・京……8
ステップ6 強・教・近・兄・形・計……9
ステップ7 元・言・原・戸・古・午……10
ステップ8 後・語・工・公・広・交……11
ステップ9 光・考・行・高・黄・合……12
ステップ10 谷・国・黒・今・才・細……13
ステップ11 作・算・止・市・矢・姉……14
ステップ12 思・紙・寺・自・時・室……15
ステップ13 社・弱・首・秋・週・春……16
ステップ14 書・少・場・色・食・心……17

ステップ15 新・親・図・数・西・声……18
ステップ16 星・晴・切・雪・船・線……19
ステップ17 前・組・走・多・太・体……20
ステップ18 台・地・池・知・茶・昼……21
ステップ19 長・鳥・朝・直・通・弟……22
ステップ20 店・点・電・刀・冬・当……23
ステップ21 東・答・頭・同・道・読……24
ステップ22 内・南・肉・馬・売・買……25
ステップ23 麦・半・番・父・風・分……26
ステップ24 聞・米・歩・母・方・北……27
ステップ25 毎・妹・万・明・鳴・毛……28
ステップ26 門・夜・野・友・用・曜……29
ステップ27 来・里・理・話……30

このれんしゅうノートのつかいかた

漢字表《かんじひょう》で学習《がくしゅう》した漢字を、ノートに書《か》いてれんしゅうしましょう。見本をみながら、書くじゅんばん、とめるところ、はねるところにちゅういして、ていねいに書いておぼえるようにしてください。

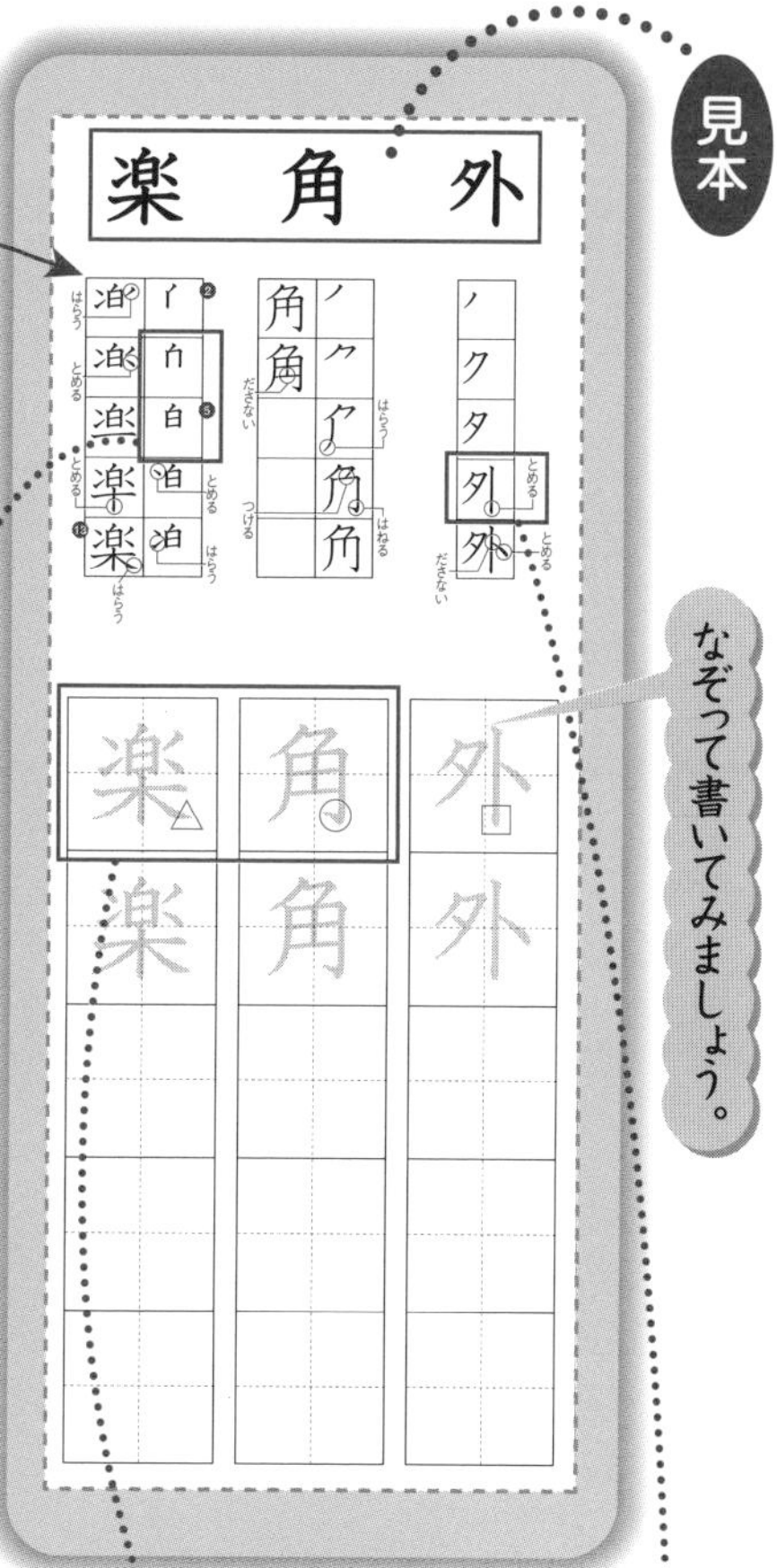

なぞって書いてみましょう。

書くじゅんばんをしめしています。じゅんばんのとちゅうをはぶいているところがあります。

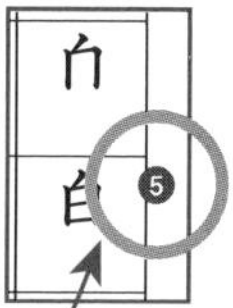

書くじゅんばんの4ばんめがはぶかれて、5ばんめがしめされていることをあらわしています。

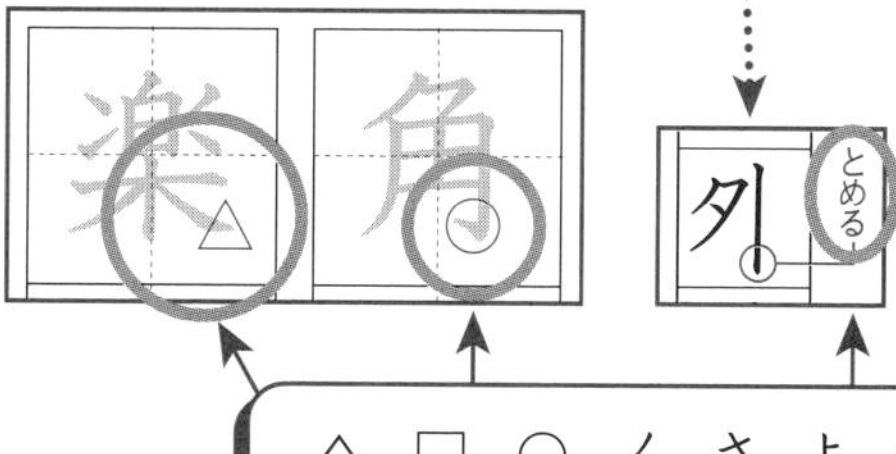

ととのった漢字を書くためにちゅういするとよいことです。さんこうにしてください。

○・・・はねる

□・・・とめる

△・・・はらう

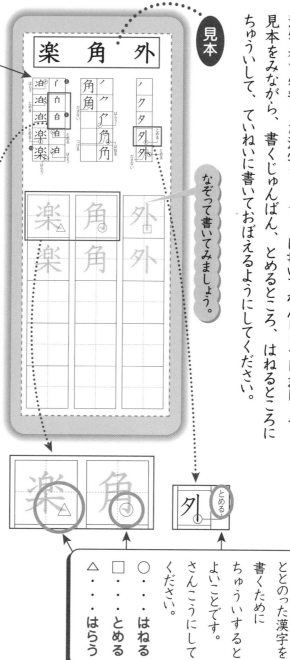

▶▶▶▶漢字表は8・9ページ

何　遠　園　雲　羽　引

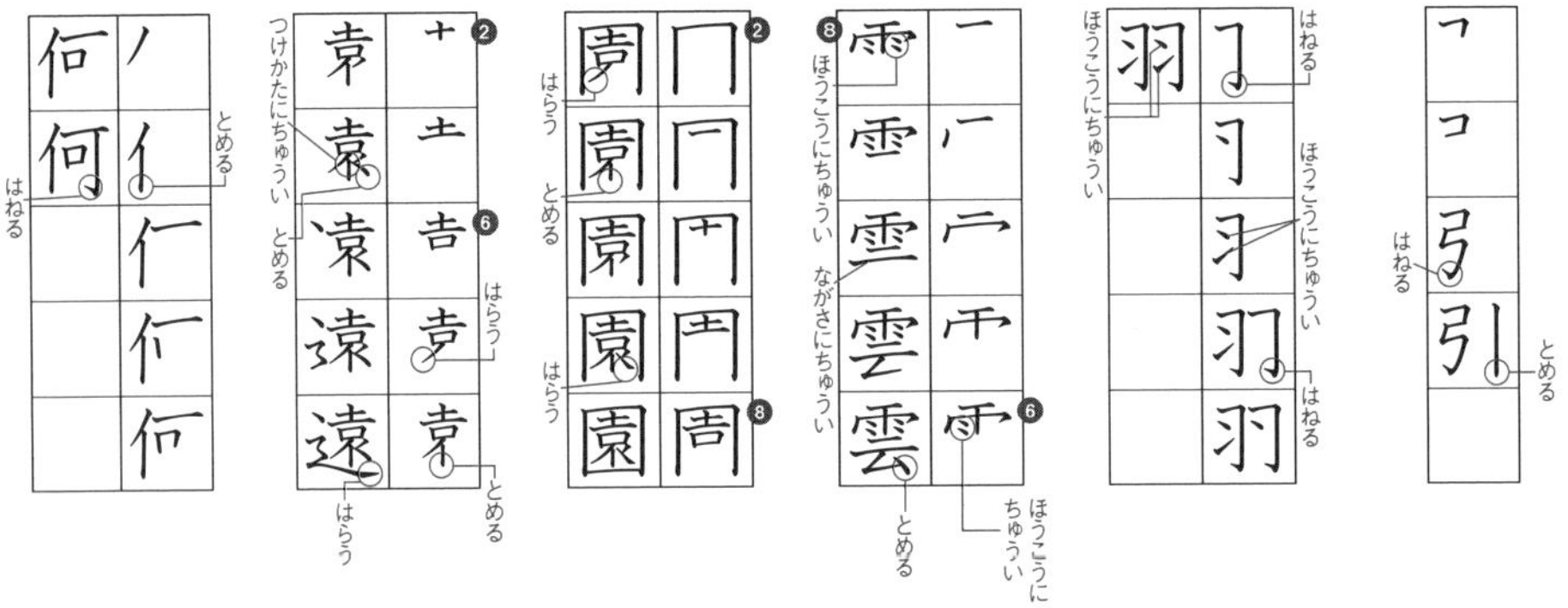

▶▶▶▶漢字表は12・13ページ

回　画　歌　家　夏　科

回：丨 冂 冂 冋 回 回（つけかたにちゅうい）

画：一 丆 丙 而 而 亜 画 画（つける・ださない・つけかたにちゅうい）

歌：一 Ⅰ 可 可 哥 哥 哥 哥 歌 歌 ④ ⑨（はねる・はらう・はらう・はらう）

家：丶 丷 宀 宀 宇 家 家 家 家 家（たてにうつ・つける・はらう・はねる・まるみをつける・つけかたにちゅうい・はらう）

夏：一 丆 丆 百 百 百 頁 頁 夏 夏（ながく・はらう・つけかたにちゅうい・はらう）

科：ノ 二 千 禾 禾 禾 科 科 科（とめる・はらう・とめる）

回 回
画 画
歌 歌
家 家
夏 夏
科 科

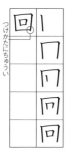

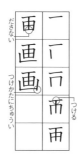

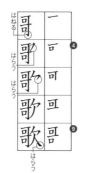

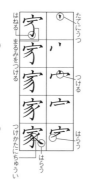

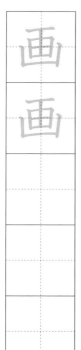

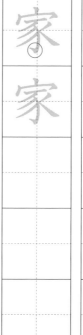

べんきょうした日　　月　　日

ステップ 3

▶▶▶▶漢字表は16・17ページ

楽　角　外　絵　海　会

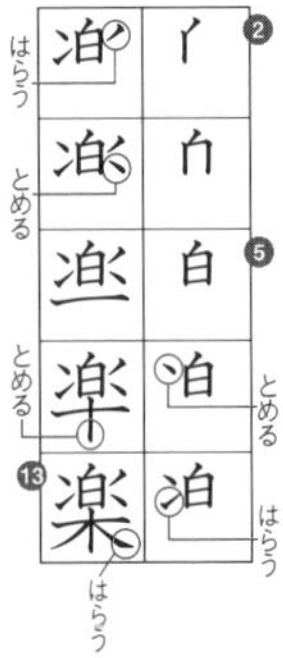

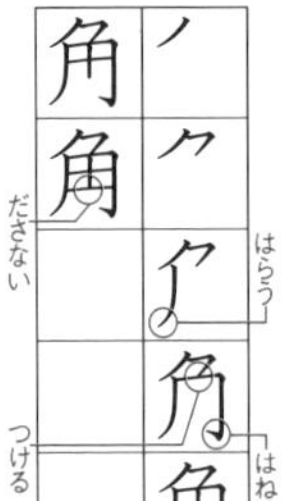

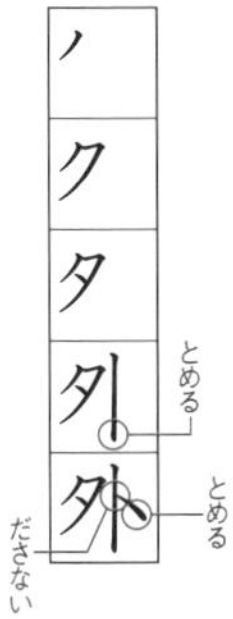

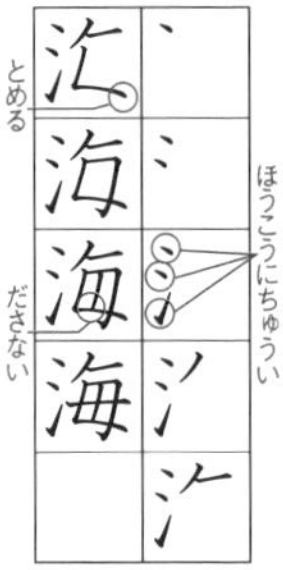

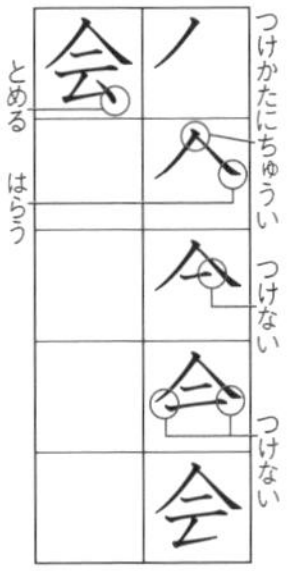

ステップ 4

▶▶▶▶漢字表は20・21ページ

汽　顔　岩　丸　間　活

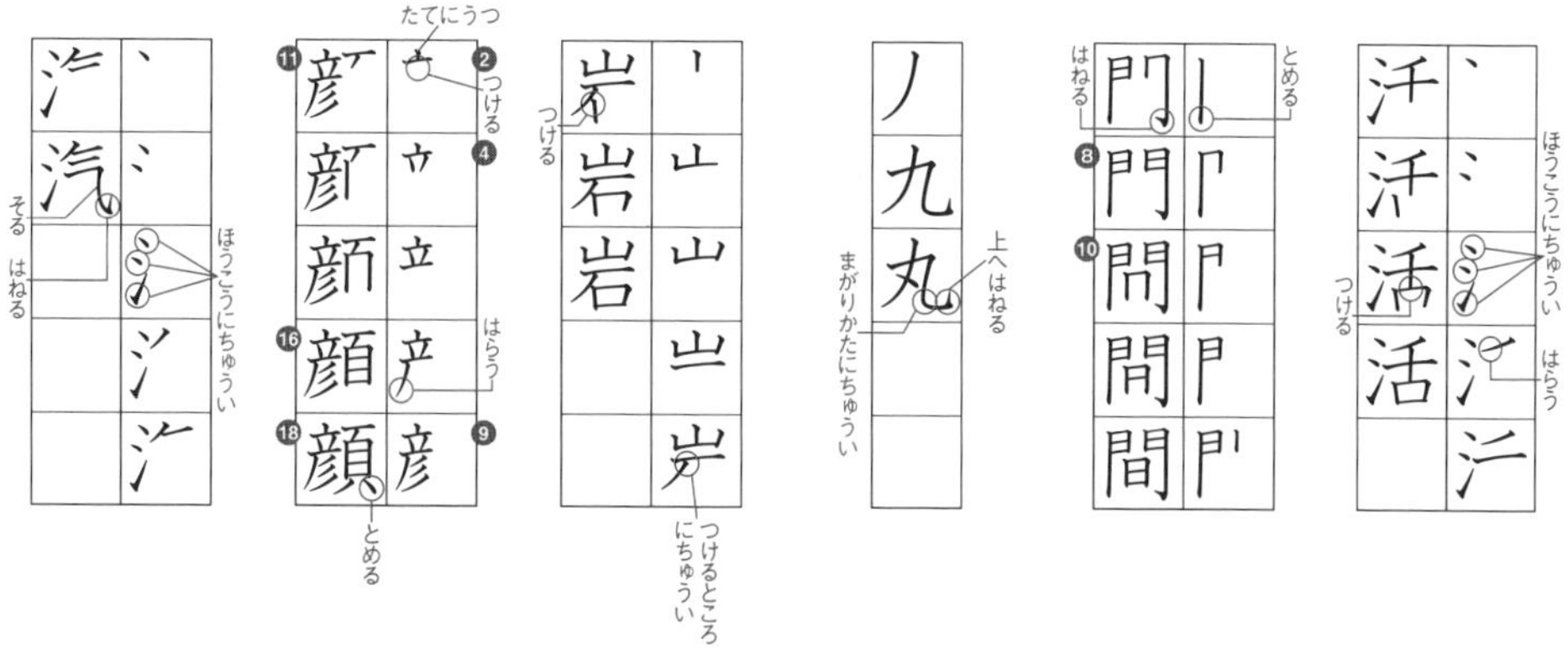

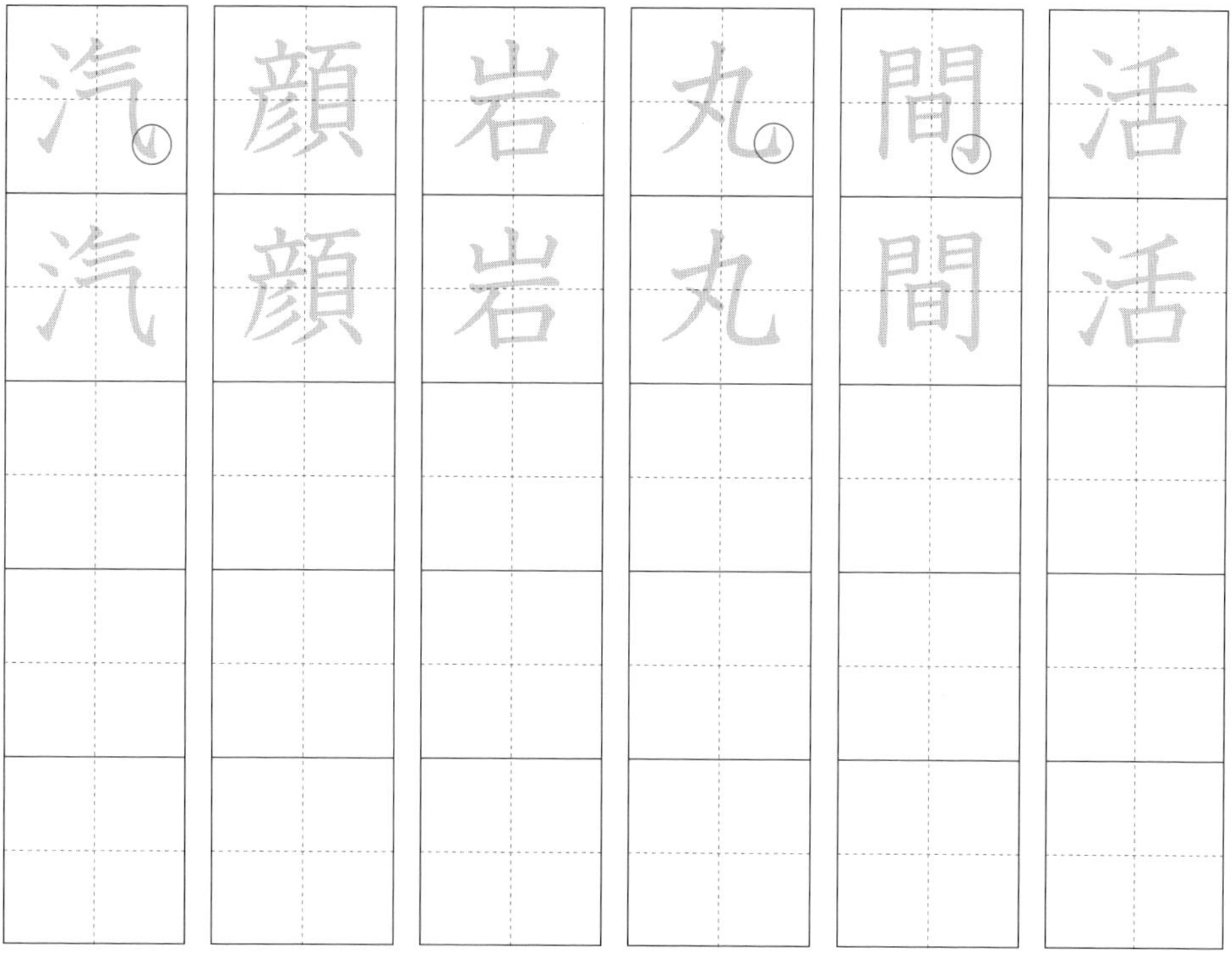

べんきょうした日　月　日

ステップ 5

▶▶▶▶▶ 漢字表は24・25ページ

京　魚　牛　弓　帰　記

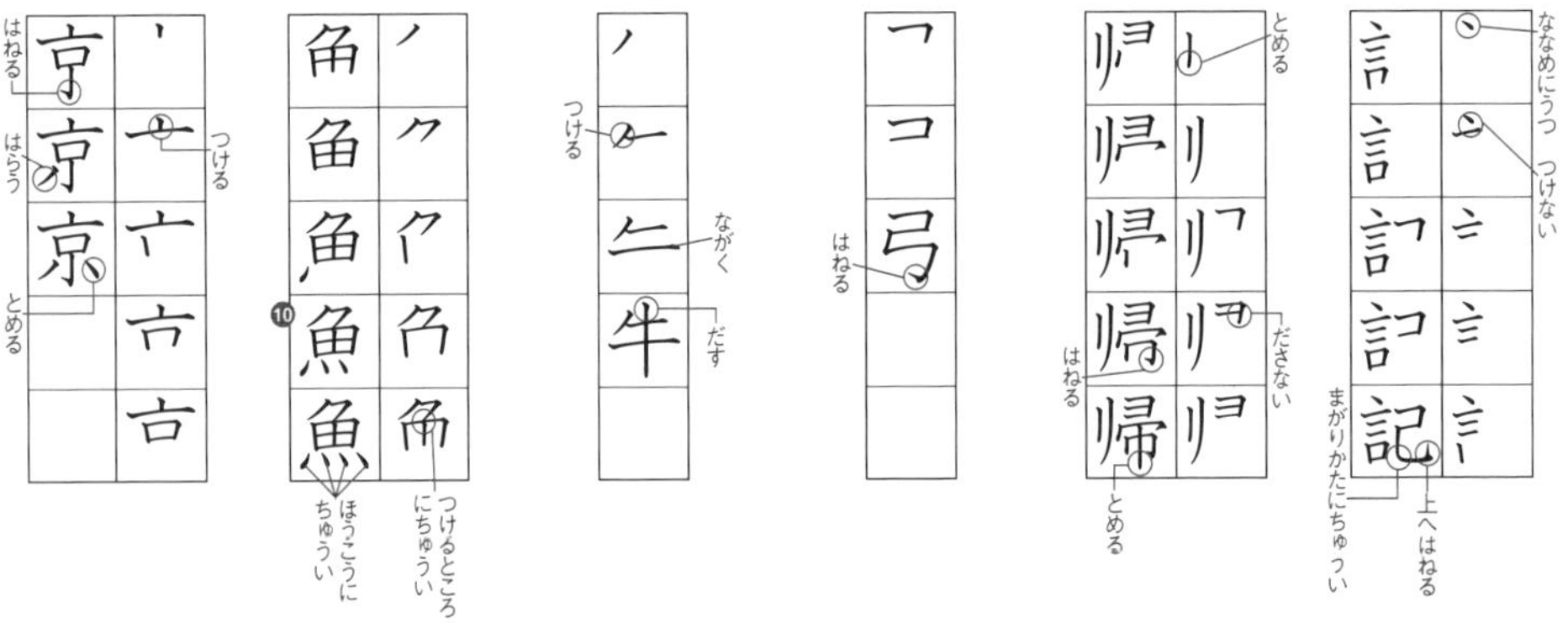

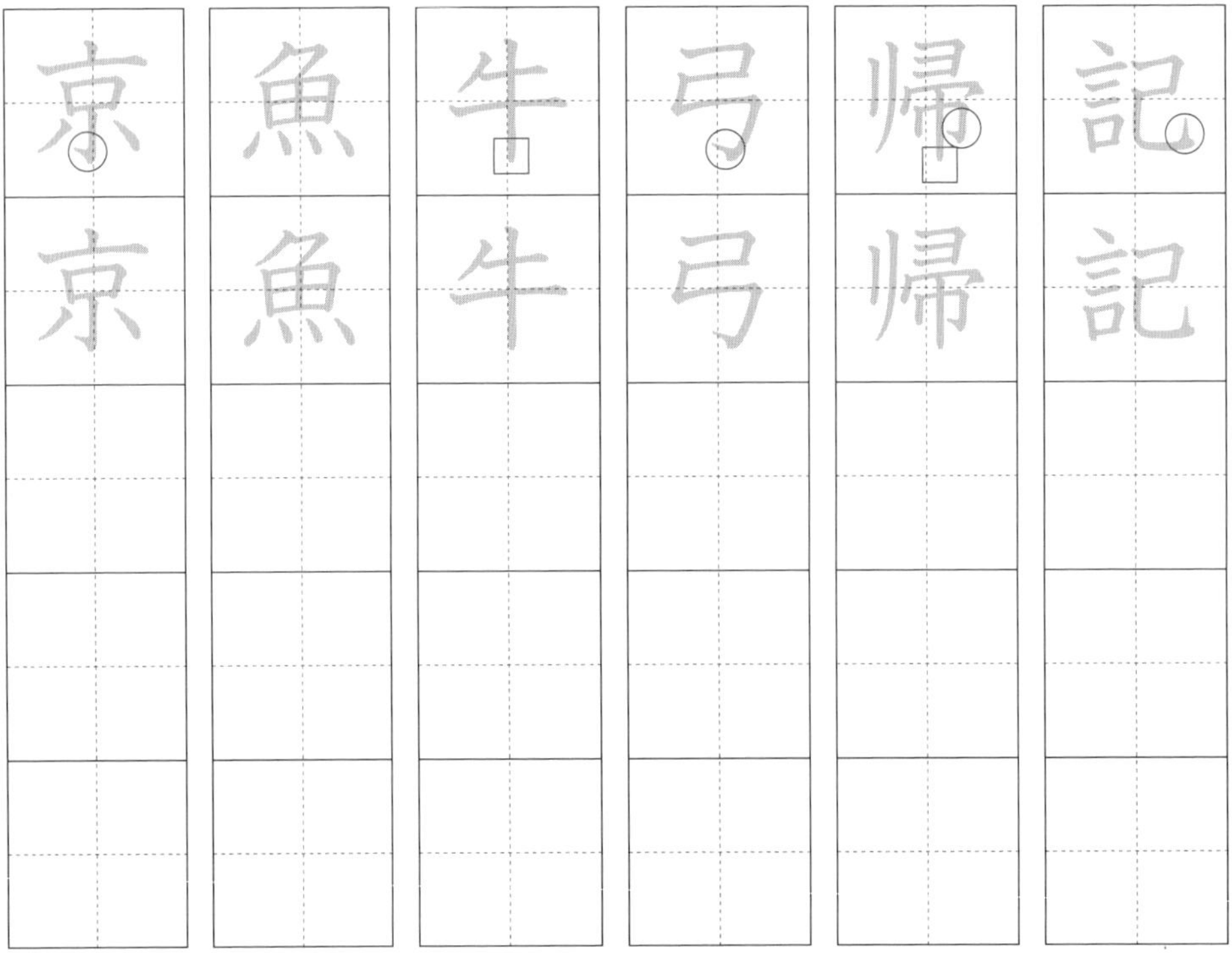

▶▶▶▶ 漢字表は32・33ページ

計　形　兄　近　教　強

計：丶 亠 亠 亖 言 言 言 言一 計
ななめにうつ　はなす

形：一 二 于 开 开 开 形 形
はらう　とめる　ほうこうとながさにちゅうい

兄：丨 冂 口 尸 兄
まがりかたにちゅうい　上へはねる

近：ノ 厂 斤 斤 斤 近 近
つけるところにちゅうい　つける　とめる　はらう

教：一 十 土 耂 耂 考 孝 9 孝 教 教
まるみをつける　はらう

強：コ ュ 弓 弘 弘 7 弘 弘 強 強 強
はねる　つける　すこし右上がりに

計　形　兄　近　教　強

計　形　兄　近　教　強

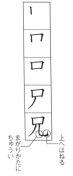

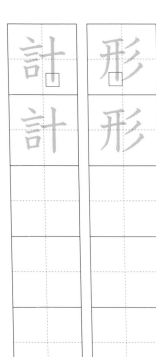

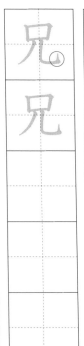

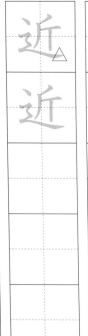

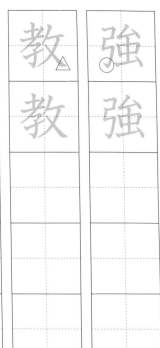

べんきょうした日　月　日

ステップ 7

▶▶▶▶ 漢字表は36・37ページ

午　古　戸　原　言　元

午：つける　ださない

古：とめる　つけかたにちゅうい

戸：つけかたにちゅうい　はらう

原：つけかたにちゅうい　つける　はねる　はらう　とめる

言：ななめにうつ　つけない

元：はらう　まがりかたにちゅうい　上へはねる

べんきょうした日　月　日

ステップ 8

▶▶▶▶漢字表は40・41ページ

交　広　公　工　語　後

交：つけない　はらう　たてにうつ　つける　つけない

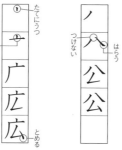

広：たてにうつ　つける　とめる

公：つけない　はらう

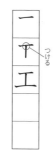

工：つける

語：つける　つけない　❹　⓭

後：とめる　つけかたにちゅうい　はらう

交　交

広　広

公　公

工　工

語　語

後　後

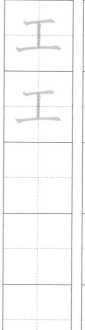

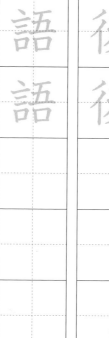

▶▶▶▶ 漢字表は44・45ページ

合　黄　高　行　考　光

合：ノ　𠆢　亼　今　合（つけかたにちゅうい・はらう・つけない）

黄：一　艹　卄　廿　昔　黄（ながく・つける・とめる）

高：丶　亠　亠　亣　亨　高（たてにうつ・つける・はねる）

行：ノ　彳　彳　彳　行　行（はらうほうこうにちゅうい・とめる・つける・はねる）

考：一　十　土　耂　考（はねる・はらう）

光：丨　丨　丷　业　光（上へはねる・つける）

合　黄　高　行　考　光

合　黄　高　行　考　光

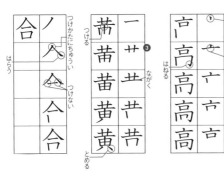

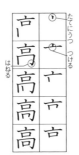

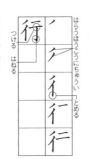

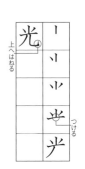

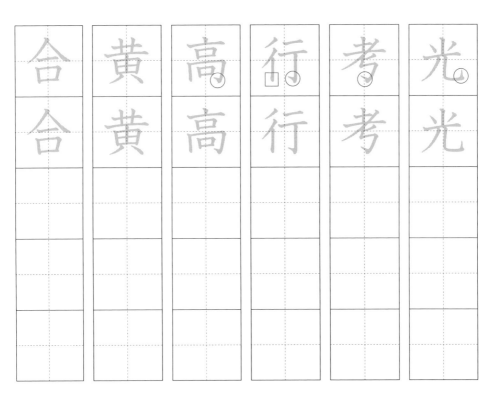

べんきょうした日　月　日

ステップ 10

▶▶▶▶漢字表は48・49ページ

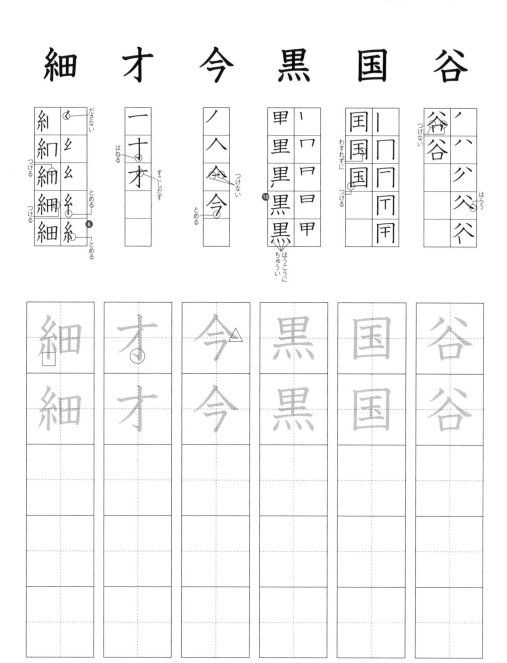

細　才　今　黒　国　谷

細：ださない　つける　とめる　つける　とめる　6

才：はねる　すこしだす

今：つけない　とめる

黒：10　ほうこうにちゅうい

国：わすれずに　つける

谷：つけない　はらう

細　細

才　才

今　今

黒　黒

国　国

谷　谷

▶▶▶▶漢字表は56・57ページ

姉　矢　市　止　算　作

姉：𡿨 ㄑ 女 女 女 女' 女' 姉 姉（おれる・とめる・すこしだす・たてにうつ・はねる）

矢：ノ 𠂉 𠂉 𠂉 矢（ながく・つける・はらう）

市：丶 亠 亣 市 市（たてにうつ・つける・はねる）

止：丨 ト 止 止（だす）

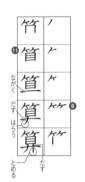

算：ノ 𠂉 𠂉 𠂉 竹 竹 筲 管 筫 算 算（ながく・だす・はらう・とめる・だす）

作：ノ 亻 亻 亻 作 作 作（とめる・つける・とめる）

姉　姉

矢　矢

市　市

止　止

算　算

作　作

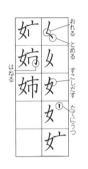

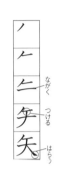

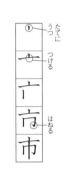

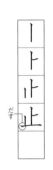

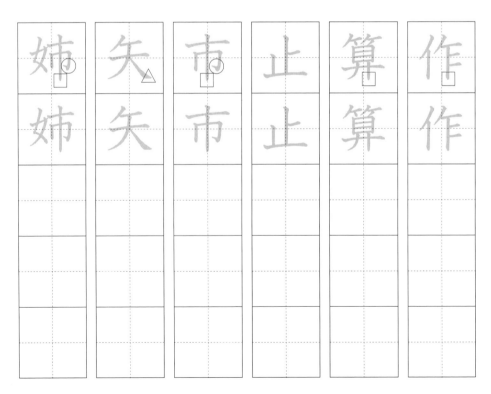

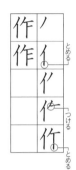

▶▶▶▶▶漢字表は60・61ページ

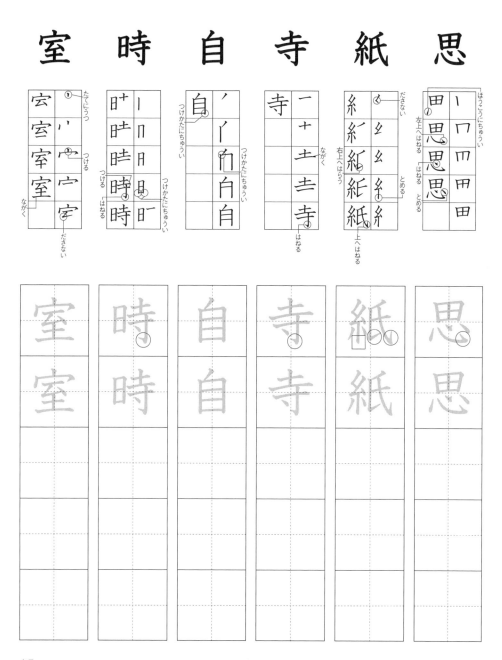

室　時　自　寺　紙　思

室：たてにうつ　つける　ながく　ださない

時：つける　はねる　つけかたにちゅうい

自：つけかたにちゅうい　つけかたにちゅうい

寺：ながく　はねる

紙：ださない　右上へはらう　とめる　上へはねる

思：ほうこうにちゅうい　左上へはねる　はねる　とめる

室　時　自　寺　紙　思

室　時　自　寺　紙　思

漢字表は64・65ページ

春　週　秋　首　弱　社

一 二 三 声 夫 夫 春 春 春
（ながく・はらう・つけるところにちゅうい・はらう）

7 丿 冂 用 円 円 円 周 周 调 週
（はねる・はなす・はらう）

ノ 二 千 干 禾 禾 和 秒 秋
（とめる・ほうこうにちゅうい・つけない・はらう）

丶 丷 䒑 䒑 产 首 首 首 首
（ながく・つけかたにちゅうい）

ㄱ コ 弓 弓 弓 弓 弜 弱 弱 弱
（はねる・ほうこうにちゅうい・はねる・ほうこうにちゅうい）

丶 ラ ネ ネ 礻 社 社
（ななめにうつ・つけない・とめる・すこしながく）

春 週 秋 首 弱 社
春 週 秋 首 弱 社

▶▶▶▶▶漢字表は68・69ページ

心　食　色　場　少　書

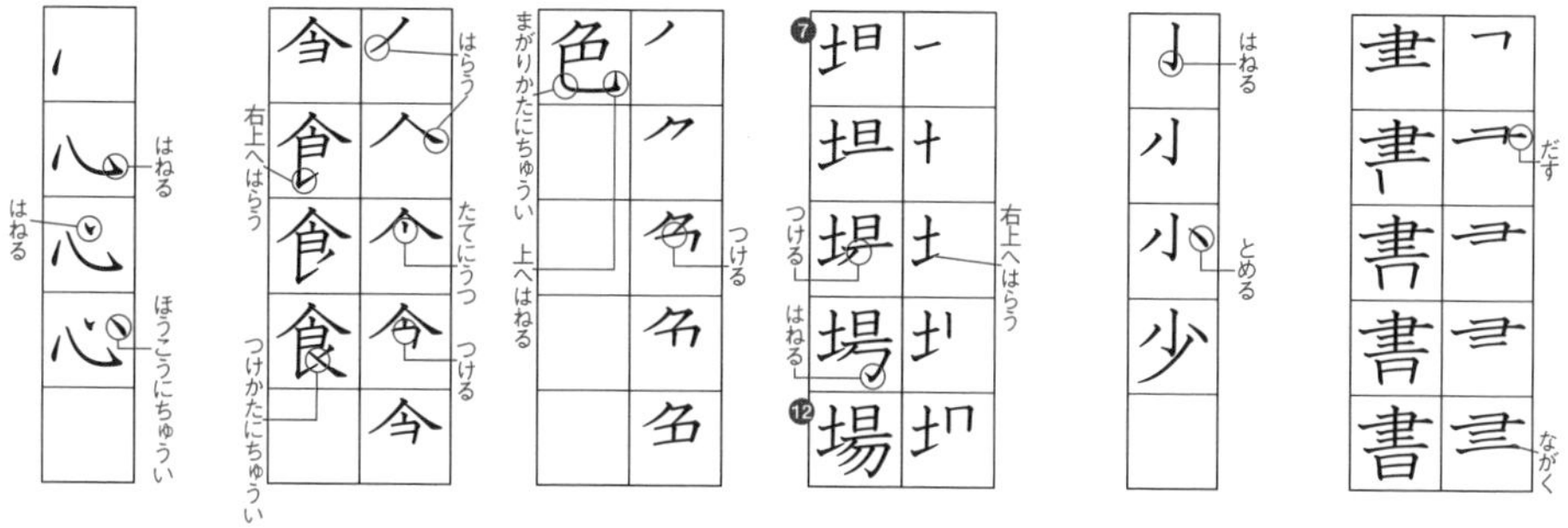

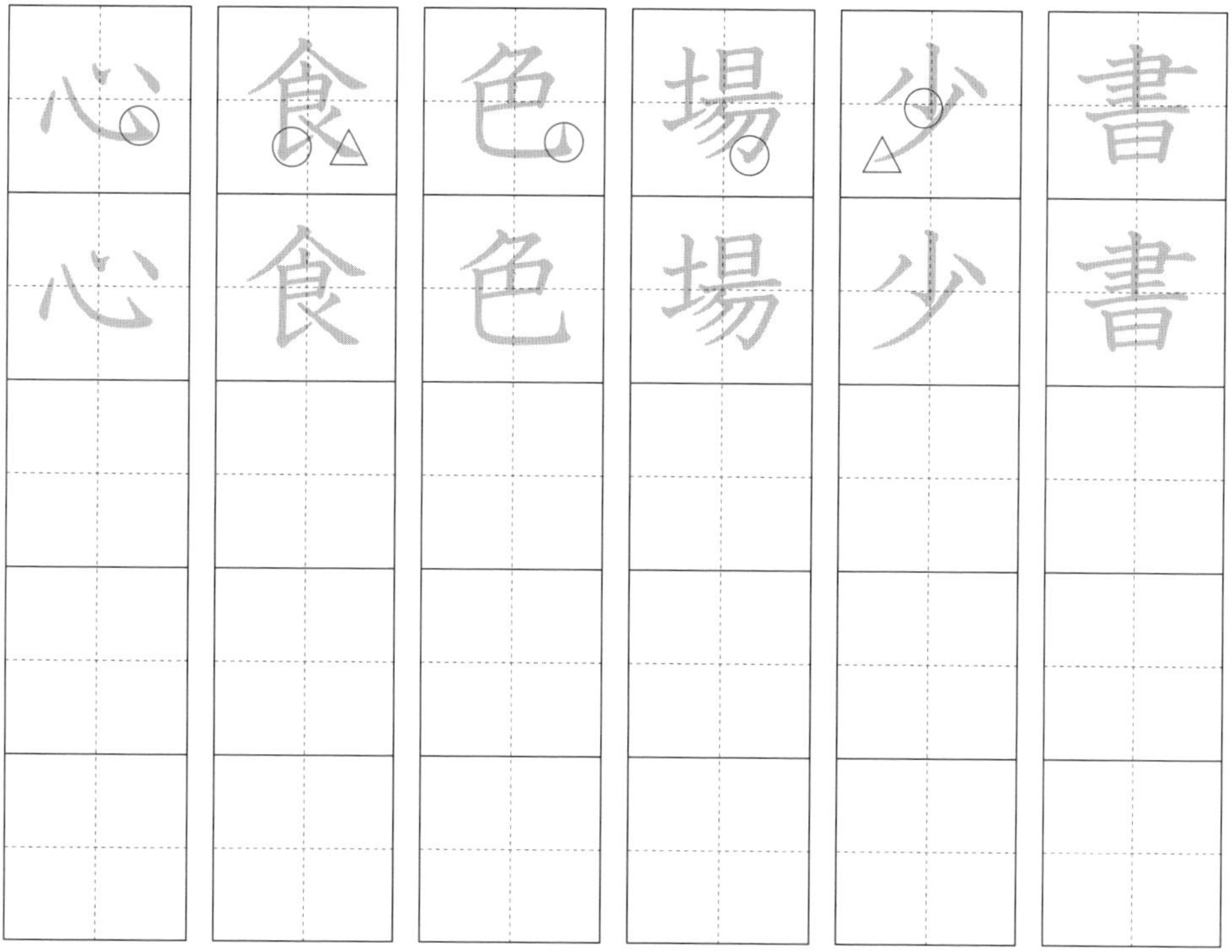

▶▶▶▶漢字表は72・73ページ

声　西　数　図　親　新

声：ながく　はらう

西：はらう

数：少し右上がりに　つけない　はらう　とめる

図：とめる　ほうこうにちゅうい　つけない

親：上へはねる

新：つける　とめる　つける　とめる

ステップ 16

▶▶▶▶▶ 漢字表は80・81ページ

線　船　雪　切　晴　星

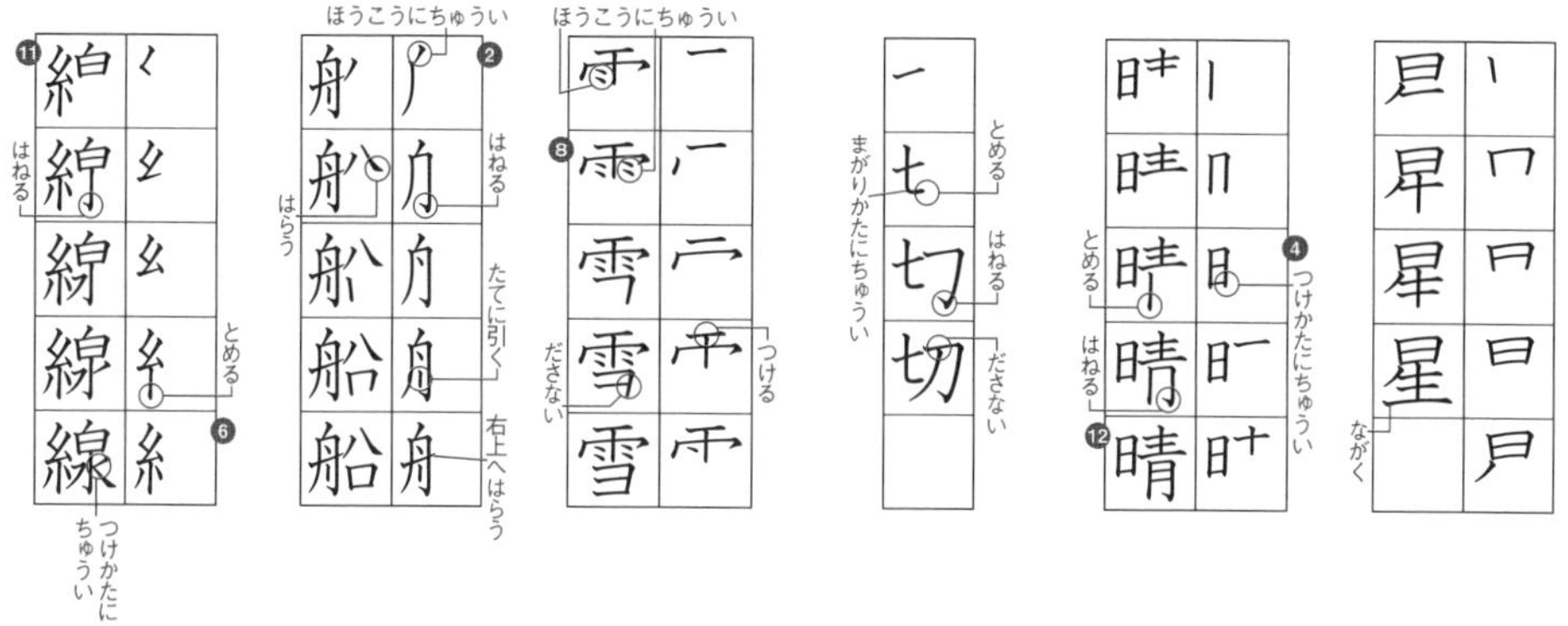

▶▶▶▶ 漢字表は84・85ページ

体　太　多　走　組　前

ノ　イ　仁　什　什　休　体
はらう　とめる　つけない　とめる

一　ナ　大　太
はらう　つけない

ノ　ク　タ　多　多　多
ここからはじめる

一　十　土　キ　丰　赱　走
はらう　右下へ引いてはらう

く　幺　幺　糸　糸　糸　糸　紅　組　組
だださない　とめる　⑩　だす　はらう

丶　丷　䒑　䒑　䒑　前　前　前　前
ほうこうにちゅうい　とめる　とめる　はねる　はねる

体　体
太　太
多　多
走　走
組　組
前　前

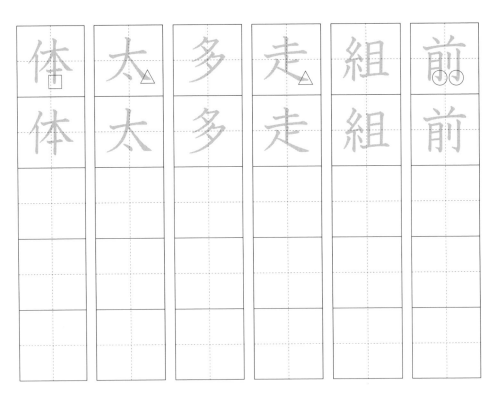

▶▶▶▶▶ 漢字表は88・89ページ

昼　茶　知　池　地　台

昼：つけるところにちゅうい　はらう　ながく

茶：とめる　とめる　つけかたにちゅうい

知：つける　はらう　つける　とめる

池：上へはねる　ほうこうにちゅうい　右上へ　はねる

地：上へはねる　右上へはらう　はねる

台：とめる　つけかたにちゅうい

▶▶▶▶▶漢字表は92・93ページ

弟　通　直　朝　鳥　長

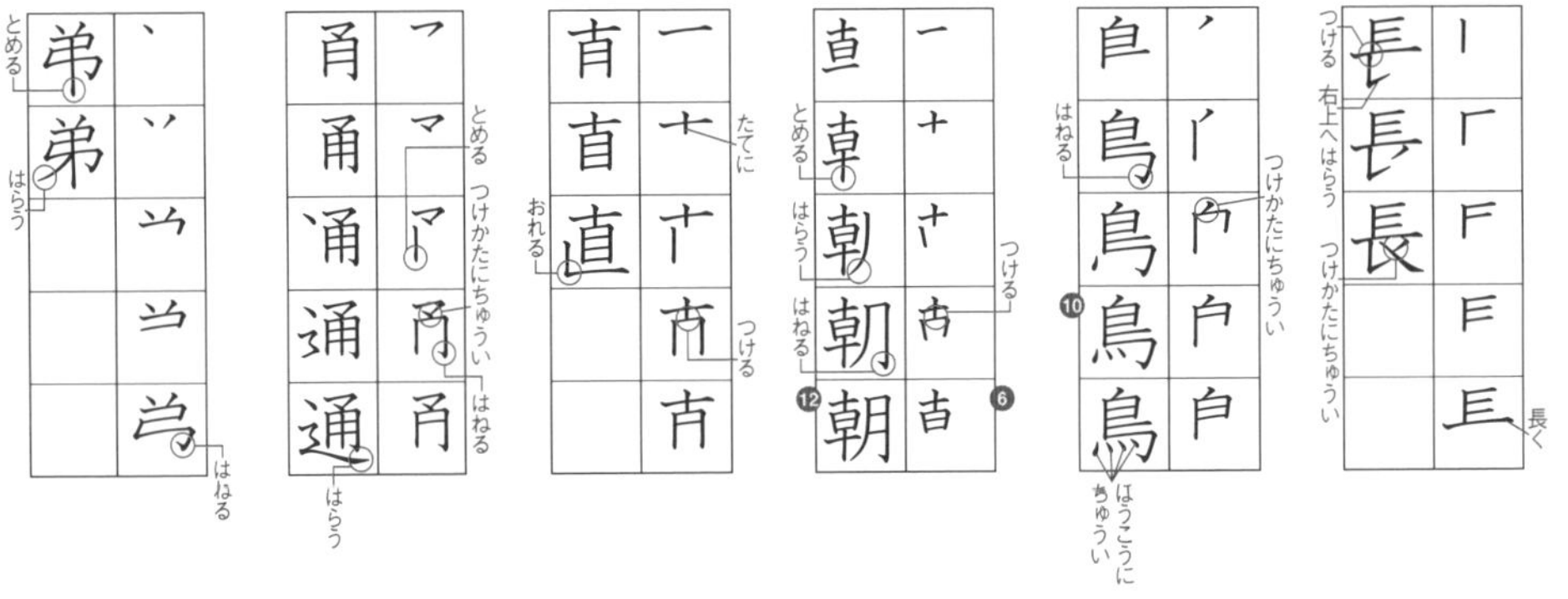

▶▶▶▶漢字表は96・97ページ

当　冬　刀　電　点　店

当：丨 ⺌ ⺌ 当 当 当
ほうこうにちゅうい　つける　ださない

冬：ノ ク 夂 冬 冬
つける　はらう　ほうこうにちゅうい

刀：フ 刀
はねる　はらう　ださない

電：一 ㇐ 冖 币 ⑥ 雨 雨 雨 ⑧ 雨 雨 雨 ⑫ 雷 電
ほうこうにちゅうい　上へはねる　ほうこうにちゅうい

点：丨 ⺊ ⺊ 占 占 占 点 点 点
つける　ほうこうにちゅうい

店：丶 亠 广 广 庁 庁 庁 店 店
たてにうつ　つける　つけかたにちゅうい

当　冬　刀　電　点　店

当　冬　刀　電　点　店

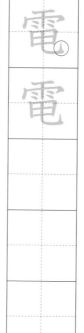

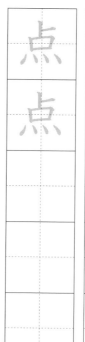

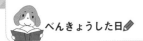

▶▶▶▶▶漢字表は104・105ページ

読 道 同 頭 答 東

読：ななめにうつ　はねる　はらう　つけない　はねる

道：つけない　つけかたにちゅうい　はらう

同：とめる　はねる

頭：つけかたにちゅうい　右上へはらう　とめる

答：つけない　つけない　ほうこうにちゅうい

東：とめる　つけるところにちゅうい　はらう

読 読

道 道

同 同

頭 頭

答 答

東 東

▶▶▶▶▶漢字表は108・109ページ

買　売　馬　肉　南　内

買：⑩ つける　とめる

売：つけない　上へはねる　みじかく　はねる

馬：はねる　ほうこうにちゅうい

肉：とめる　はねる　とめる　つけるところにちゅうい

南：とめる　はねる　とめる

内：とめる　はねる　とめる

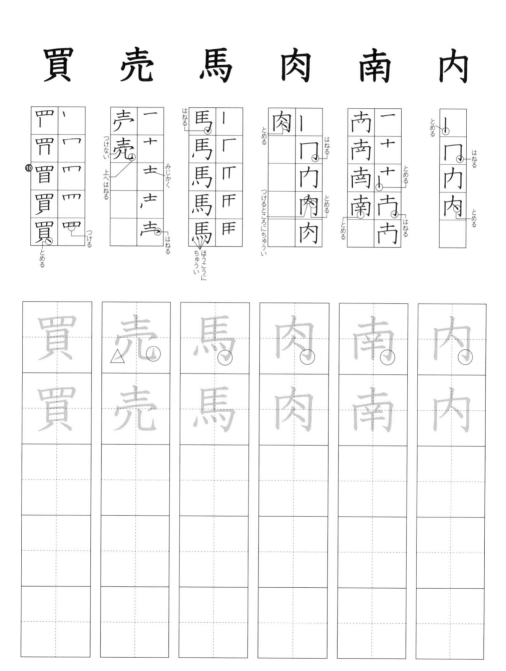

べんきょうした日　月　日

ステップ23

漢字表は112・113ページ

分　風　父　番　半　麦

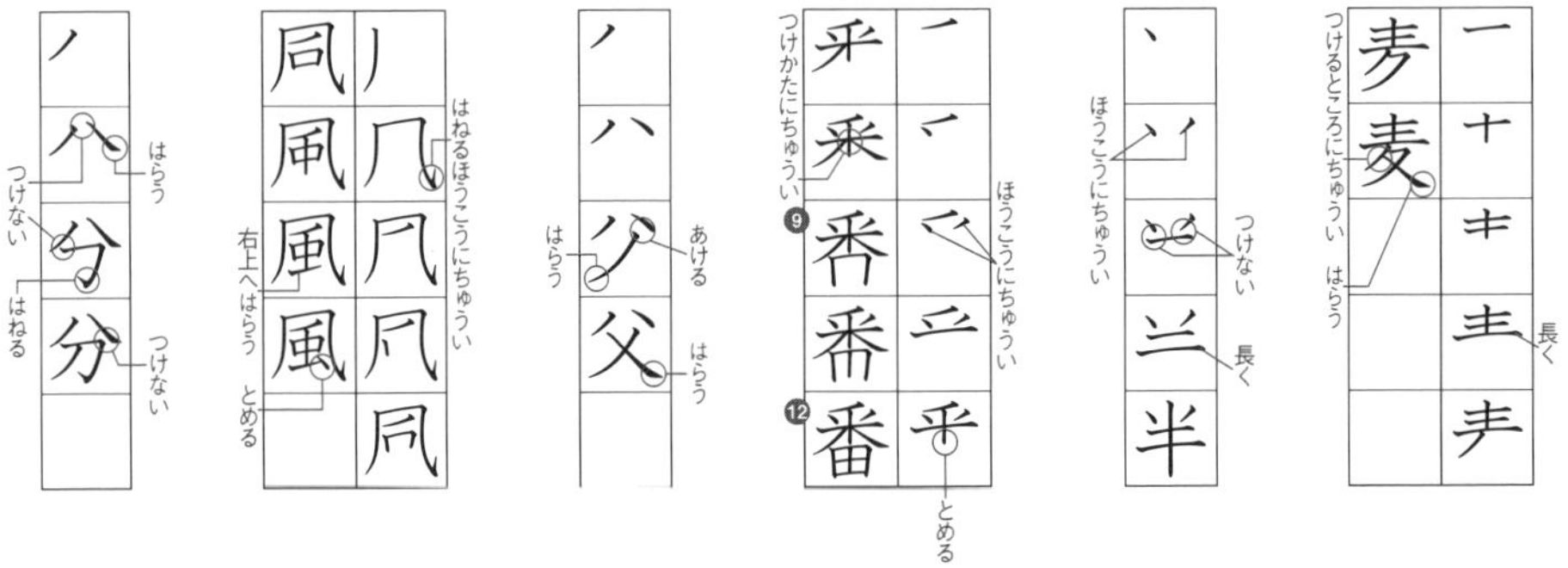

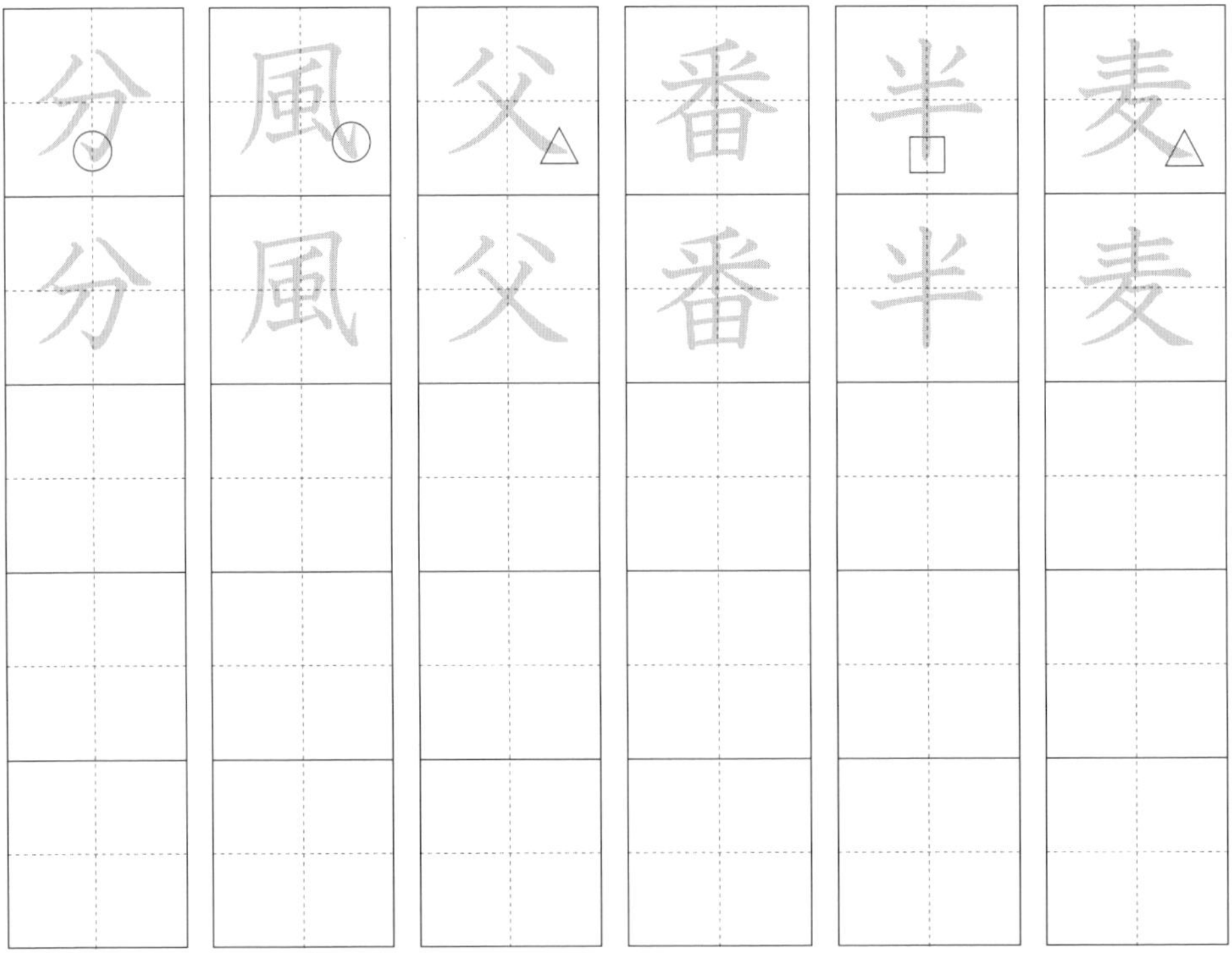

べんきょうした日　　月　　日

ステップ24

▶▶▶▶漢字表は116・117ページ

北　方　母　歩　米　聞

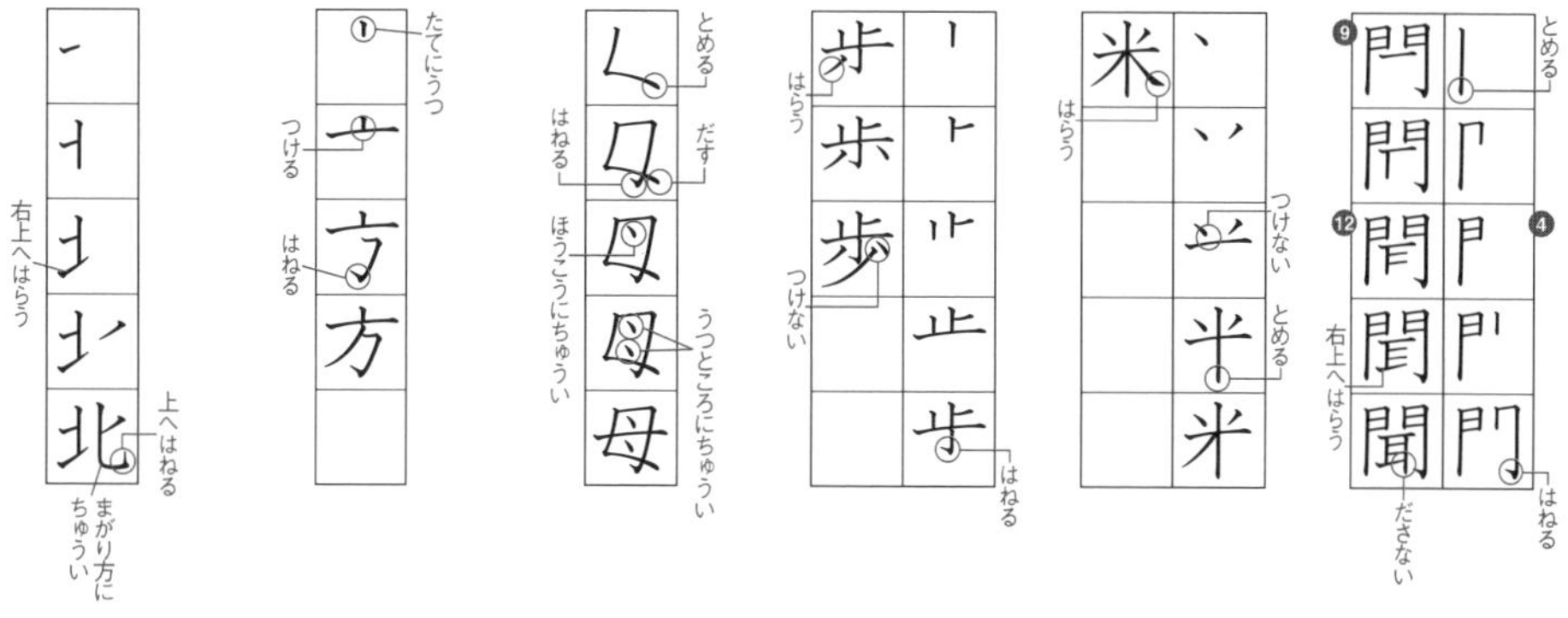

北　方　母　歩　米　聞

北　方　母　歩　米　聞

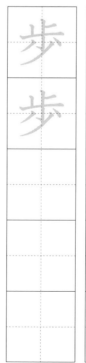

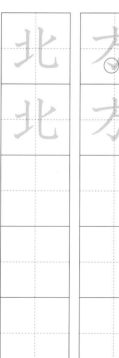

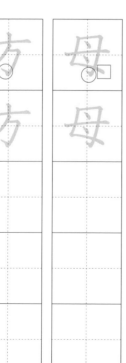

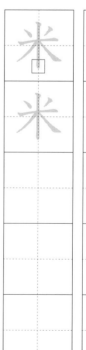

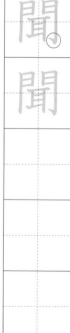

▶▶▶▶漢字表は120・121ページ

毛　鳴　明　万　妹　毎

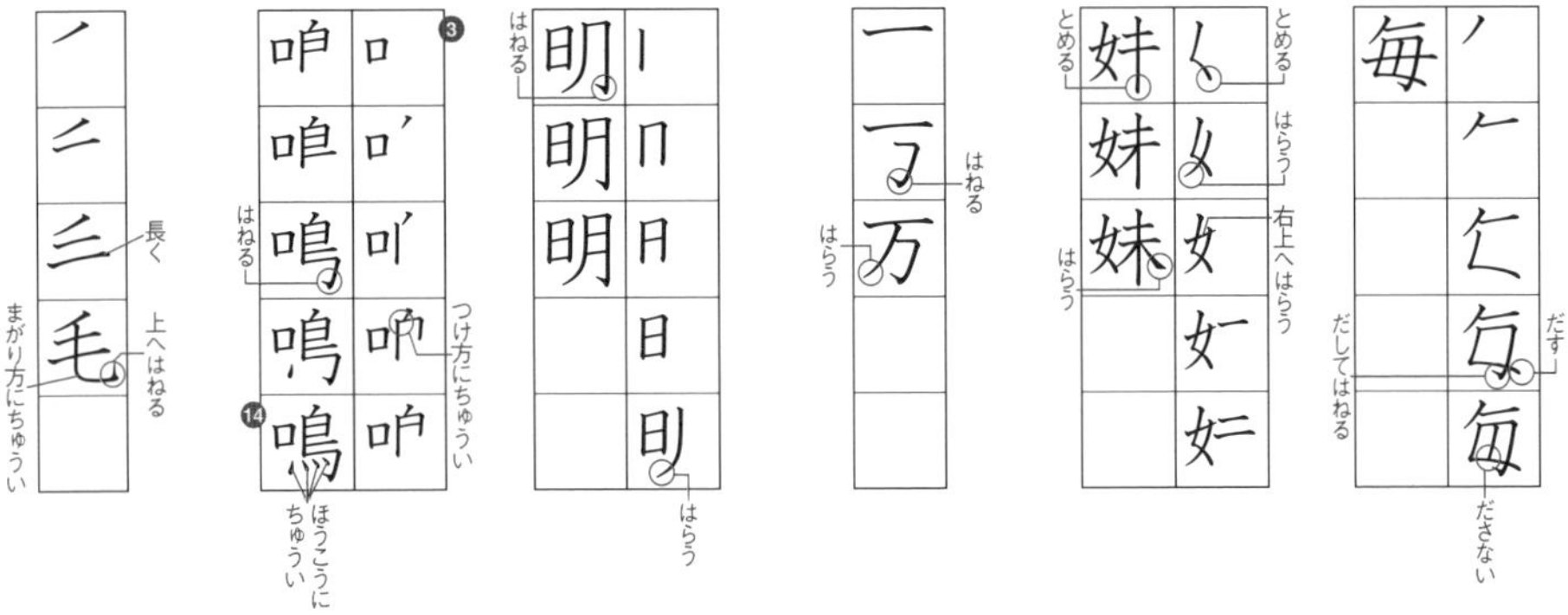

べんきょうした日　　月　　日

ステップ 26

▶▶▶▶ 漢字表は124・125ページ

曜　用　友　野　夜　門

曜：4・7・10・12・18　とめる　つけ方にちゅうい

用：はねる

友：つけない　はらう　つけるところにちゅうい

野：4　少しななめに　はねる

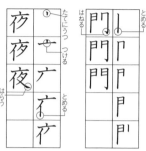

夜：たてにうつ　つける　とめる　はらう

門：はねる　とめる

曜	用	友	野	夜	門
曜	用	友	野	夜	門
曜	用	友	野	夜	門

べんきょうした日　　月　　日

ステップ 27

漢字表は128・129ページ

来　里　理　話

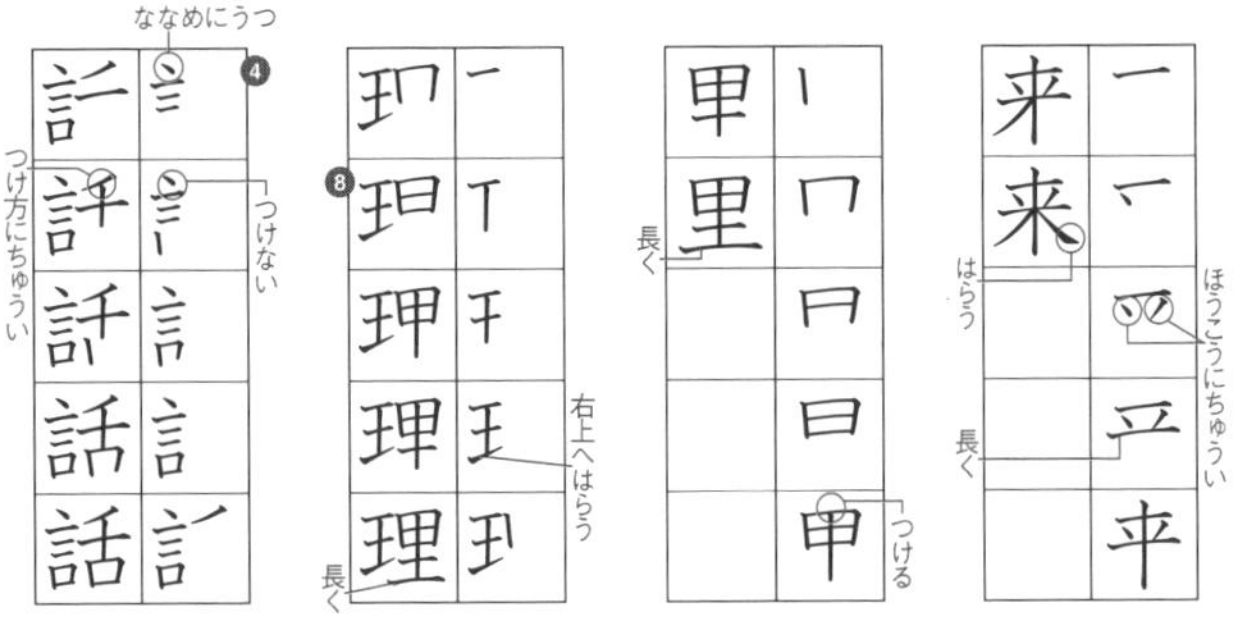

来　里　理　話

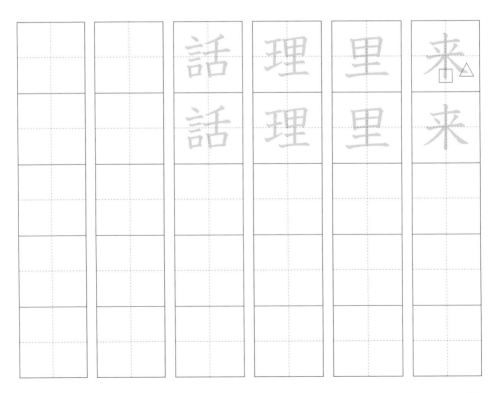

漢字って楽しい！

漢字《かんじ》は、むずかしそうに
みえますが、絵《え》から
できた　ものもあるのです。
そう思《おも》って　ながめて　みたら、
なんだか　漢字《かんじ》の　学習《がくしゅう》が
楽《たの》しく　なって　きませんか。

「漢検」級別 主な出題内容

10級 …対象漢字数 80字
漢字の読み／漢字の書取／筆順・画数

9級 …対象漢字数 240字
漢字の読み／漢字の書取／筆順・画数

8級 …対象漢字数 440字
漢字の読み／漢字の書取／部首・部首名／筆順・画数／送り仮名／対義語／同じ漢字の読み

7級 …対象漢字数 642字
漢字の読み／漢字の書取／部首・部首名／筆順・画数／送り仮名／対義語／同音異字／三字熟語

6級 …対象漢字数 835字
漢字の読み／漢字の書取／部首・部首名／筆順・画数／送り仮名／対義語・類義語／同音・同訓異字／三字熟語／熟語の構成

5級 …対象漢字数 1026字
漢字の読み／漢字の書取／部首・部首名／筆順・画数／送り仮名／対義語・類義語／同音・同訓異字／誤字訂正／四字熟語／熟語の構成

4級 …対象漢字数 1339字
漢字の読み／漢字の書取／部首・部首名／送り仮名／対義語・類義語／同音・同訓異字／誤字訂正／四字熟語／熟語の構成

3級 …対象漢字数 1623字
漢字の読み／漢字の書取／部首・部首名／送り仮名／対義語・類義語／同音・同訓異字／誤字訂正／四字熟語／熟語の構成

準2級 …対象漢字数 1951字
漢字の読み／漢字の書取／部首・部首名／送り仮名／対義語・類義語／同音・同訓異字／誤字訂正／四字熟語／熟語の構成

2級 …対象漢字数 2136字
漢字の読み／漢字の書取／部首・部首名／送り仮名／対義語・類義語／同音・同訓異字／誤字訂正／四字熟語／熟語の構成

準1級 …対象漢字数 約3000字
漢字の読み／漢字の書取／故事・諺／対義語・類義語／同音・同訓異字／誤字訂正／四字熟語

1級 …対象漢字数 約6000字
漢字の読み／漢字の書取／故事・諺／対義語・類義語／同音・同訓異字／誤字訂正／四字熟語

※ここに示したのは出題分野の一例です。毎回すべての分野から出題されるとは限りません。また、このほかの分野から出題されることもあります。

日本漢字能力検定採点基準 最終改定：平成25年4月1日

❶ 採点の対象

筆画を正しく、明確に書かれた字を採点の対象とし、くずした字や、乱雑に書かれた字は採点の対象外とする。

❷ 字種・字体

① 2～10級の解答は、内閣告示「常用漢字表」（平成二十二年）による。ただし、旧字体での解答は正答とは認めない。

② 1級および準1級の解答は、『漢検要覧 1／準1級対応』（公益財団法人日本漢字能力検定協会発行）に示す「標準字体」「許容字体」「旧字体一覧表」による。

❸ 読み

① 2～10級の解答は、内閣告示「常用漢字表」（平成二十二年）による。

② 1級および準1級の解答には、①の規定は適用しない。

❹ 仮名遣い

仮名遣いは、内閣告示「現代仮名遣い」による。

❺ 送り仮名

送り仮名は、内閣告示「送り仮名の付け方」による。

❻ 部首

部首は、『漢検要覧 2～10級対応』（公益財団法人日本漢字能力検定協会発行）収録の「部首一覧表と部首別の常用漢字」による。

❼ 筆順

筆順の原則は、文部省編『筆順指導の手びき』（昭和三十三年）による。常用漢字一字一字の筆順は、『漢検要覧 2～10級対応』収録の「常用漢字の筆順一覧」による。

❽ 合格基準

級	満点	合格
1級／準1級／2級	二〇〇点	八〇％程度
準2級／3級／4級／5級／6級／7級	二〇〇点	七〇％程度
8級／9級／10級	一五〇点	八〇％程度

※部首、筆順は「漢検 漢字学習ステップ」など公益財団法人日本漢字能力検定協会発行図書でも参照できます。

日本漢字能力検定審査基準

10級

程度　小学校第1学年の学習漢字を理解し、文や文章の中で使える。

領域・内容

《読むことと書くこと》　小学校学年別漢字配当表の第1学年の学習漢字を読み、書くことができる。

《筆順》　点画の長短、接し方や交わり方、筆順および総画数を理解している。

9級

程度　小学校第2学年までの学習漢字を理解し、文や文章の中で使える。

領域・内容

《読むことと書くこと》　小学校学年別漢字配当表の第2学年までの学習漢字を読み、書くことができる。

《筆順》　点画の長短、接し方や交わり方、筆順および総画数を理解している。

8級

程度　小学校第3学年までの学習漢字を理解し、文や文章の中で使える。

領域・内容

《読むことと書くこと》　小学校学年別漢字配当表の第3学年までの学習漢字を読み、書くことができる。

・音読みと訓読みとを理解していること

・送り仮名に注意して正しく書けること（食べる、楽しい、後ろ　など）

・対義語の大体を理解していること（勝つ―負ける、重い―軽い　など）

・同音異字を理解していること（反対、体育、期待、太陽　など）

《筆順》　筆順、総画数を正しく理解している。

《部首》　主な部首を理解している。

7級

程度　小学校第4学年までの学習漢字を理解し、文章の中で正しく使える。

領域・内容

《読むことと書くこと》　小学校学年別漢字配当表の第4学年までの学習漢字を読み、書くことができる。

・音読みと訓読みとを正しく理解していること

・送り仮名に注意して正しく書けること（等しい、短い、流れる　など）

・熟語の構成を知っていること

・対義語の大体を理解していること（入学―卒業、成功―失敗　など）

・同音異字を理解していること（健康、高校、公共、外交　など）

《筆順》　筆順、総画数を正しく理解している。

《部首》　部首を理解している。

６級

程度　小学校第５学年までの学習漢字を理解し、文章の中で漢字が果たしている役割を知り、正しく使える。

領域・内容

《読むことと書くこと》　小学校学年別漢字配当表の第５学年までの学習漢字を読み、書くことができる。

・音読みと訓読みとを正しく理解していること
・送り仮名や仮名遣いに注意して正しく書けること（求める、失う　など）
・熟語の構成を知っていること（上下、絵画、大木、読書、不明　など）
・対義語、類義語の大体を理解していること（禁止―許可、平等―均等　など）
・同音・同訓異字を正しく理解していること

《筆順》　筆順、総画数を正しく理解している。

《部首》　部首を理解している。

５級

程度　小学校第６学年までの学習漢字を理解し、文章の中で漢字が果たしている役割に対する知識を身に付け、漢字を文章の中で適切に使える。

領域・内容

《読むことと書くこと》　小学校学年別漢字配当表の第６学年までの学習漢字を読み、書くことができる。

・音読みと訓読みとを正しく理解していること
・送り仮名や仮名遣いに注意して正しく書けること
・熟語の構成を知っていること
・対義語、類義語を正しく理解していること
・同音・同訓異字を正しく理解していること

《四字熟語》　四字熟語を正しく理解している（有名無実、郷土芸能　など）。

《筆順》　筆順、総画数を正しく理解している。

《部首》　部首を理解し、識別できる。

４級

程度　常用漢字のうち約１３００字を理解し、文章の中で適切に使える。

領域・内容

《読むことと書くこと》　小学校学年別漢字配当表のすべての漢字と、その他の常用漢字約３００字の読み書きを習得し、文章の中で適切に使える。

・音読みと訓読みとを正しく理解していること
・送り仮名や仮名遣いに注意して正しく書けること
・熟語の構成を正しく理解していること
・熟字訓、当て字を理解していること（小豆／あずき、土産／みやげ　など）
・対義語、類義語、同音・同訓異字を正しく理解していること

《四字熟語》　四字熟語を理解している。

《部首》　部首を識別し、漢字の構成と意味を理解している。

３級

程度　常用漢字のうち約１６００字を理解し、文章の中で適切に使える。

領域・内容

《読むことと書くこと》　小学校学年別漢字配当表のすべての漢字と、その他の常用漢字約６００字の読み書きを習得し、文章の中で適切に使える。

・音読みと訓読みとを正しく理解していること
・送り仮名や仮名遣いに注意して正しく書けること
・熟語の構成を正しく理解していること
・熟字訓、当て字を理解していること（乙女／おとめ、風邪／かぜ　など）
・対義語、類義語、同音・同訓異字を正しく理解していること

《四字熟語》　四字熟語を理解している。

《部首》　部首を識別し、漢字の構成と意味を理解している。

※常用漢字とは、平成22年（2010年）11月30日付内閣告示による「常用漢字表」に示された2136字をいう。

準2級

程度　常用漢字のうち1951字を理解し、文章の中で適切に使える。

領域・内容

《読むことと書くこと》　1951字の漢字の読み書きを習得し、文章の中で適切に使える。

- 音読みと訓読みとを正しく理解していること
- 送り仮名や仮名遣いに注意して正しく書けること
- 熟語の構成を正しく理解していること
- 熟字訓、当て字を理解していること（硫黄／いおう、相撲／すもう　など）
- 対義語、類義語、同音・同訓異字を正しく理解していること

《四字熟語》　典拠のある四字熟語を理解している（驚天動地、孤立無援　など）。

《部首》　部首を識別し、漢字の構成と意味を理解している。

※　1951字とは、昭和56年（1981年）10月1日付内閣告示による旧「常用漢字表」の1945字から「勺」「錘」「銑」「脹」「匁」の5字を除いたものに、現行の「常用漢字表」のうち、「茨」「媛」「岡」「熊」「埼」「鹿」「栃」「奈」「梨」「阪」「阜」の11字を加えたものを指す。

2級

程度　すべての常用漢字を理解し、文章の中で適切に使える。

領域・内容

《読むことと書くこと》　すべての常用漢字の読み書きに習熟し、文章の中で適切に使える。

- 音読みと訓読みとを正しく理解していること
- 送り仮名や仮名遣いに注意して正しく書けること
- 熟語の構成を正しく理解していること
- 熟字訓、当て字を理解していること（海女／あま、玄人／くろうと　など）
- 対義語、類義語、同音・同訓異字などを正しく理解していること

《四字熟語》　典拠のある四字熟語を理解している（鶏口牛後、呉越同舟　など）。

《部首》　部首を識別し、漢字の構成と意味を理解している。

準1級

程度　常用漢字を含めて、約3000字の漢字の音・訓を理解し、文章の中で適切に使える。

領域・内容

《読むことと書くこと》　常用漢字の音・訓を含めて、約3000字の漢字の読み書きに慣れ、文章の中で適切に使える。

- 熟字訓、当て字を理解していること
- 対義語、類義語、同音・同訓異字などを理解していること
- 国字を理解していること（峠、凧、畠　など）
- 複数の漢字表記について理解していること（國―国、交叉―交差　など）

《四字熟語・故事・諺》　典拠のある四字熟語、故事成語・諺を正しく理解している。

《古典的文章》　古典的文章の中での漢字・漢語を理解している。

※　約3000字の漢字は、JIS第一水準を目安とする。

1級

程度　常用漢字を含めて、約6000字の漢字の音・訓を理解し、文章の中で適切に使える。

領域・内容

《読むことと書くこと》　常用漢字の音・訓を含めて、約6000字の漢字の読み書きに慣れ、文章の中で適切に使える。

- 熟字訓、当て字を理解していること
- 対義語、類義語、同音・同訓異字などを理解していること
- 国字を理解していること（怺える、毟る　など）
- 地名・国名などの漢字表記（当て字の一種）を知っていること
- 複数の漢字表記について理解していること（鹽―塩、颱風―台風　など）

《四字熟語・故事・諺》　典拠のある四字熟語、故事成語・諺を正しく理解している。

《古典的文章》　古典的文章の中での漢字・漢語を理解している。

※　約6000字の漢字は、JIS第一・第二水準を目安とする。

※常用漢字とは、平成22年（2010年）11月30日付内閣告示による「常用漢字表」に示された2136字をいう。

個人受検の申し込みについて　申し込みから合否の通知まで

1 受検級を決める

受検資格　制限はありません

実施級　1、準1、2、準2、3、4、5、6、7、8、9、10級

検定会場　全国主要都市約170か所に設置
（実施地区は検定の回ごとに決定）

2 検定に申し込む

インターネットにてお申し込みください。

ホームページ https://www.kanken.or.jp/ からお申し込みができます（クレジットカード決済、コンビニ決済が可能です）。

下記の二次元コードから日本漢字能力検定協会ホームページへ簡単にアクセスできます。

※申込方法など、変更になることがございます。
最新の情報はホームページをご確認ください。

注意

①家族・友人と同じ会場での受検を希望する方は、検定料のお支払い完了後、申込締切日の2営業日後までに協会（お問い合わせフォーム）までお知らせください。

②障がいがあるなど、身体的・精神的な理由により、受検上の配慮を希望される方は、申込締切日までに協会（お問い合わせフォーム）までご相談ください（申込締切日以降のお申し出には対応できかねます）。

③検定料を支払われた後は、受検級・受検地を含む内容変更および取り消し・返金は、いかなる場合もできません。また、次回以降の振り替え、団体受検や漢検CBTへの変更もできません。

3 受検票が届く

受検票は検定日の約1週間前にお届けします。4日前になっても届かない場合、協会までお問い合わせください。

お問い合わせ窓口

電話番号　フリーコール **0120-509-315**（無料）
（海外からはご利用いただけません。
ホームページよりメールでお問い合わせください。）

お問い合わせ時間　月～金　9時00分～17時00分
（祝日・お盆・年末年始を除く）
※検定日とその前日の土、日は開設
※検定日は9時00分～18時00分

メールフォーム　https://www.kanken.or.jp/kanken/contact/

4 検定日当日

検定時間

2級：10時00分～11時00分（60分間）
準2級：11時50分～12時50分（60分間）
8・9・10級：11時50分～12時30分（40分間）
1・3・5・7級：13時40分～14時40分（60分間）
準1・4・6級：15時30分～16時30分（60分間）

持ち物

受検票、鉛筆（HB、B、2Bの鉛筆またはシャープペンシル）、消しゴム
※ボールペン、万年筆などの使用は認められません。ルーペ持ち込み可。

注意

①会場への車での来場（送迎を含む）は、周辺の迷惑になりますのでご遠慮ください。
②検定開始時刻の15分前を目安に受検教室までお越しください。答案用紙の記入方法などを説明します。
③携帯電話やゲーム、電子辞書などは、電源を切り、かばんにしまってから入場してください。
④検定中は受検票を机の上に置いてください。
⑤答案用紙には、あらかじめ名前や生年月日などが印字されています。
⑥検定日の約5日後に漢検ホームページにて標準解答を公開します。

5 合否の通知

検定日の約40日後に、受検者全員に「検定結果通知」を郵送します。合格者には「合格証書」・「合格証明書」を同封します。欠席者には検定問題と標準解答をお送りします。受検票は検定結果が届くまで大切に保管してください。

注目

進学・就職に有利！合格者全員に合格証明書発行

大学・短大の推薦入試の提出書類に、また就職の際の履歴書に添付してあなたの漢字能力をアピールしてください。合格者全員に、合格証書と共に合格証明書を2枚、無償でお届けいたします。

合格証明書が追加で必要な場合は有償で再発行できます。

次の❶～❹を同封して、協会までお送りください。約1週間後、お手元にお届けします。

❶合格証明書再発行申請書（漢検ホームページよりダウンロード可能）もしくは氏名・住所・電話番号・生年月日、および受検年月日・受検級を明記したもの
❷本人確認資料（学生証、運転免許証、健康保険証など）のコピー
❸住所・氏名を表に明記し切手を貼《は》った返信用封筒
❹証明書1枚につき発行手数料として500円の定額小為替

団体受検の申し込み

学校や企業などで志願者が一定以上まとまると、団体申込ができ、自分の学校や企業内で受検できる制度もあります。団体申込を扱っているかどうかは先生や人事関係の担当者に確認してください。

「漢検」受検の際の注意点

【字の書き方】

問題の答えは楷書で大きくはっきり書きなさい。乱雑な字や続け字、また、行書体や草書体のようにくずした字は採点の対象とはしません。

特に漢字の書き取り問題では、答えの文字は教科書体をもとにして、はねるところ、とめるところなどもはっきり書きましょう。また、画数に注意して、一画一画を正しく、明確に書きなさい。

《例》

○熱　×熱

○言　×言

○糸　×糸

【字種・字体について】

(1)日本漢字能力検定2〜10級においては、「常用漢字表」に示された字種で書きなさい。つまり、表外漢字（常用漢字表にない漢字）を用いると、正答とは認められません。

《例》

○交差点　×交叉点　（「叉」が表外漢字）

○寂しい　×淋しい　（「淋」が表外漢字）

(2)日本漢字能力検定2〜10級においては、「常用漢字表」に示された字体で書きなさい。なお、「常用漢字表」に参考として示されている康《こう》熙《き》字典体など、旧字体と呼ばれているものを用いると、正答とは認められません。

《例》

○真　×眞

○渉　×涉

○飲　×飮

○迫　×迫

○弱　×弱

(3)一部例外として、平成22年告示「常用漢字表」で追加された字種で、許容字体として認められているものや、その筆写文字と印刷文字との差が習慣の相違に基づくとみなせるものは正答と認めます。

《例》

餌 ⬇ 餌 と書いても可

遜 ⬇ 遜 と書いても可

葛 ⬇ 葛 と書いても可

溺 ⬇ 溺 と書いても可

箸 ⬇ 箸 と書いても可

注意

(3)において、どの漢字が当てはまるかなど、一字一字については、当協会発行図書（2級対応のもの）掲載の漢字表で確認してください。

公益財団法人 日本漢字能力検定協会

改訂二版

漢検

漢検 漢字学習 ステップ

9級

漢検 公益財団法人 日本漢字能力検定協会

もくじ

この本のつかいかた …… 4
ステップ❶ …… 8
ステップ❷ …… 12
ステップ❸ …… 16
ステップ❹ …… 20
ステップ❺ …… 24
力だめし 1 …… 28
ひとやすみ クイズであそぼ！❶ …… 30
ステップ❻ …… 32
ステップ❼ …… 36
ステップ❽ …… 40
ステップ❾ …… 44
ステップ❿ …… 48
力だめし 2 …… 52
ひとやすみ クイズであそぼ！❷ …… 55
ステップ⓫ …… 56
ステップ⓬ …… 60
ステップ⓭ …… 64
ステップ⓮ …… 68
ステップ⓯ …… 72
力だめし 3 …… 76
ひとやすみ クイズであそぼ！❸ …… 78
ステップ⓰ …… 80
ステップ⓱ …… 84
ステップ⓲ …… 88
ステップ⓳ …… 92
ステップ⓴ …… 96
力だめし 4 …… 100
ひとやすみ クイズであそぼ！❹ …… 103
ステップ㉑ …… 104
ステップ㉒ …… 108
ステップ㉓ …… 112
ステップ㉔ …… 116
ステップ㉕ …… 120
ステップ㉖ …… 124
ステップ㉗ …… 128
力だめし 5 …… 132
ひとやすみ クイズであそぼ！❺ …… 135
まとめテスト …… 136
漢字《かんじ》いちらんひょう …… 142

●別冊《べっさつ》／漢字れんしゅうノート
●別冊／答《こた》え

この本で学習《がくしゅう》する漢字《かんじ》

音読《おんよ》みで五十音じゅん（アイウエオじゅん）にならんでいます。数字《すうじ》はこの本のページです。

ステップ 1
イ 引……8
ウ 羽・雲……8
エ 園・遠……9
カ 何……9

ステップ 2
科・夏・家……12
歌・画・回……13

ステップ 3
会・海・絵……16
外・角・楽……17

ステップ 4
活・間・丸……20
岩・顔……21
キ 汽……21

ステップ 5
記・帰・弓……24
牛・魚・京……25

ステップ 6
強・教・近……32
ケ 兄・形・計……33

ステップ 7
元・言・原……36
コ 戸・古・午……37

ステップ 8
後・語・工……40
公・広・交……41

ステップ 9
光・考・行……44
高・黄・合……45

ステップ 10
谷・国・黒……48
今……49
サ 才・細……49

ステップ 11
作・算……56
シ 止……56
市・矢・姉……57

ステップ 12
思・紙・寺……60
自・時・室……61

ステップ 13
社・弱・首……64
秋・週・春……65

ステップ 14
書・少・場……68
色・食・心……69

ステップ 15
新・親……72
ス 図……72
数……73
セ 西・声……73

ステップ 16
星・晴・切……80
雪・船・線……81

ステップ 17
前……84
ソ 組・走……84
タ 多・太・体……85

ステップ 18
台……88
チ 地・池……88
知・茶・昼……89

ステップ 19
長・鳥・朝……92
直……93
ツ 通……93
テ 弟……93

ステップ 20
店・点・電……96
ト 刀・冬・当……97

ステップ 21
東・答・頭……104
同・道・読……105

ステップ 22
ナ 内・南……108
ニ 肉……108
ハ 馬・売・買……109

ステップ 23
麦・半・番……112
フ 父・風・分……113

ステップ 24
聞……116
ヘ 米……116
ホ 歩……116
母・方・北……117

ステップ 25
マ 毎・妹・万……120
メ 明・鳴……121
モ 毛……121

ステップ 26
門……124
ヤ 夜・野……124
ユ 友……125
ヨ 用・曜……125

ステップ 27
ラ 来……128
リ 里・理……128
ワ 話……129

この本のつかいかた

この本は160字の漢字《かんじ》（小学校2年生でならう漢字）を中心《ちゅうしん》に、楽《たの》しく学べるようになっています。漢字の力をつけ、日本漢字能力検定《のうりょくけんてい》（漢検《かんけん》）9級《きゅう》のごうかくをめざしてください。

1 漢《かん》字《じ》表《ひょう》

1ステップにつき、6字ずつ漢字を学習《がくしゅう》しよう！

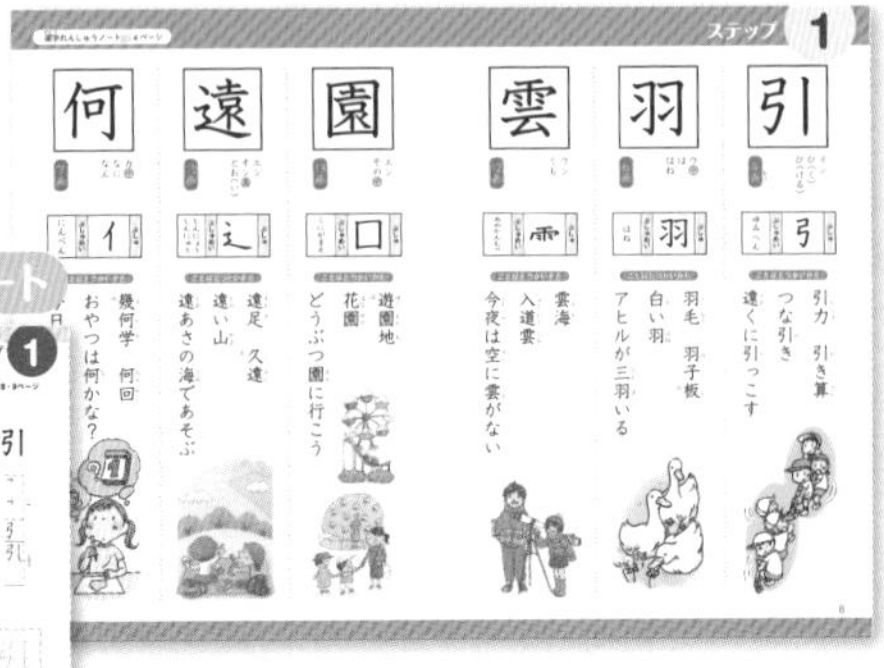

漢字れんしゅうノート

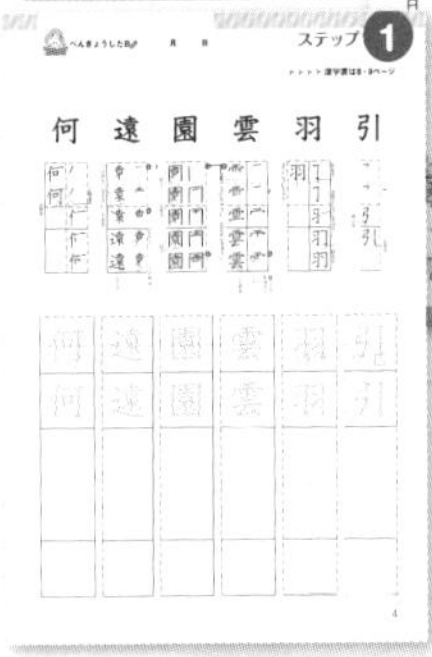

2 れんしゅうもんだい

もんだいをといてみよう！

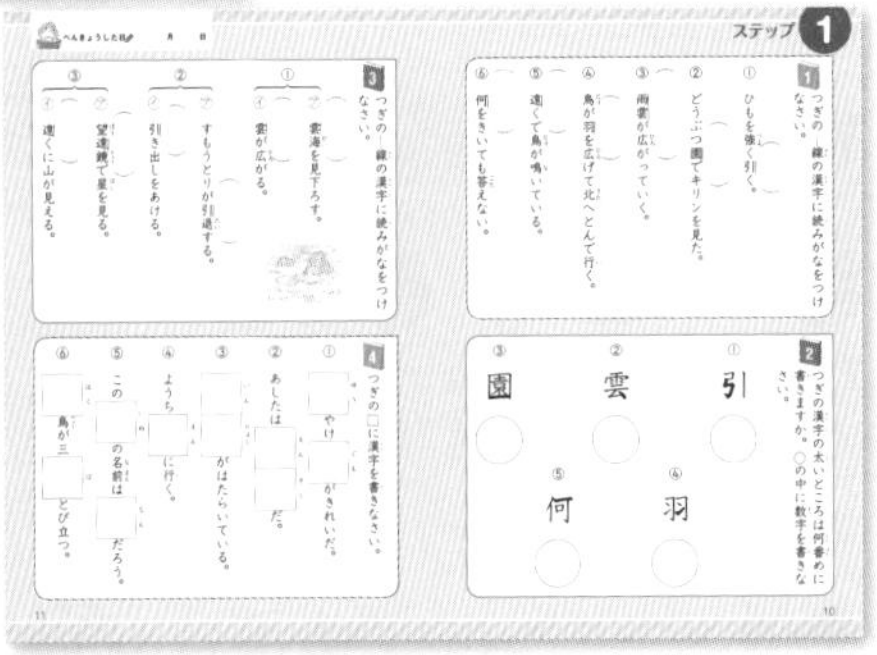

3 力だめし・まとめテスト

力だめしをしてみよう！

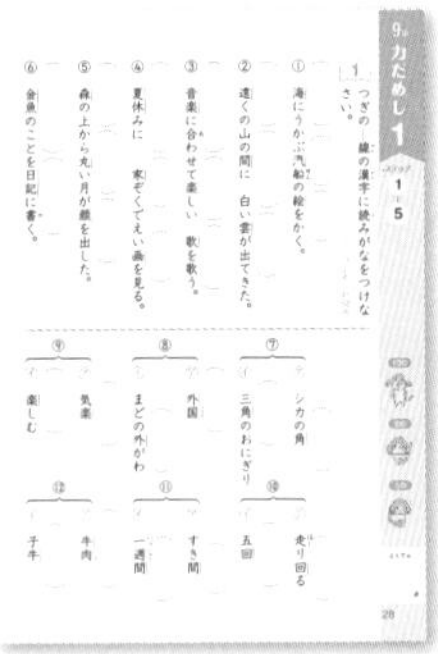

力だめしは5回

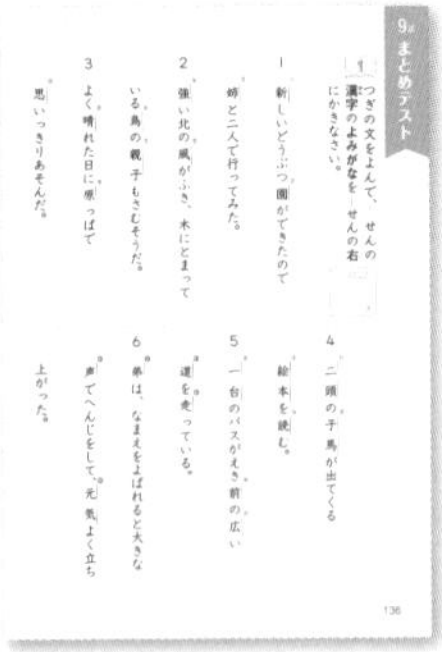

まとめテストは1回《かい》

1 漢字表

新《あたら》しく学ぶ漢字

1ステップに6字ずつ、五十音《おん》じゅん(アイウエオじゅん)にならんでいます。

● **ぶしゅ・ぶしゅめい**

ぶしゅは漢字のぶんるい(なかまわけ)
ぶしゅめいはその名前《なまえ》

● **読《よ》み**

カタカナは音読《おんよ》み。ひらがなは訓読《くんよ》み。( )の中は、おくりがな。
㊥は中学校で学習《がくしゅう》する読みで、4級以上《きゅういじょう》で出題対象《しゅつだいたいしょう》となります。
(高)は高校《こうこう》で学習する読みで、準《じゅん》2級以上で出題対象となります。

● **漢字の画数《かくすう》**

漢字は、点《てん》や線《せん》の組《く》み合《あ》わせでできています。
この点や線を画《かく》といいます。
この漢字が何画《なんかく》で書《か》かれているかをしめしています。

ことばとつかいかた

ここにあげたもののほかにも、いろいろなことばとつかいかたがあります。

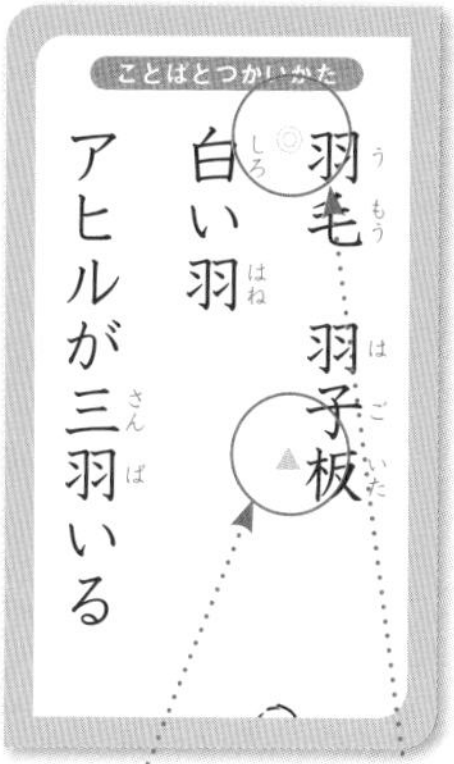

◎上の級の読みかた
中学校または高校で習《なら》う読みかた

▲上の級《きゅう》(8/7/6級など)の漢字

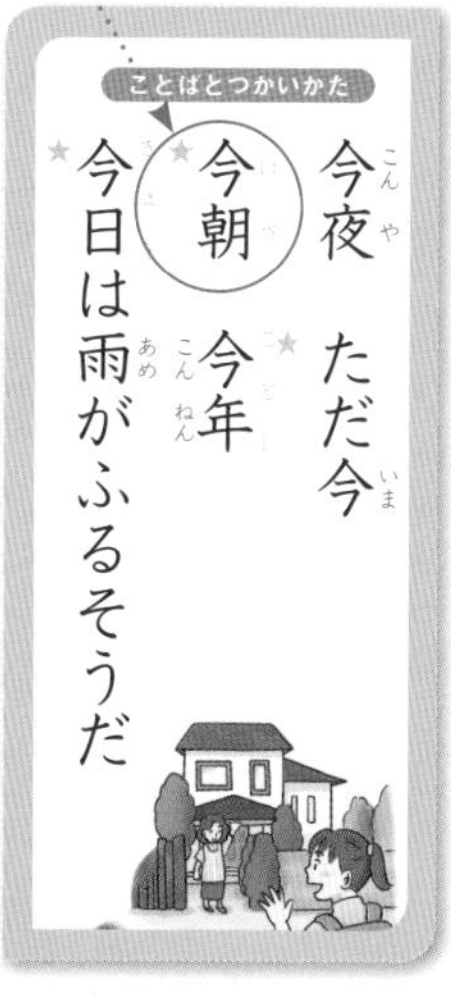

★**とくべつな読《よ》みかた**

じゅくご(漢字が二ついじょう組《く》み合《あ》わされて、いみをもつ一つのことばになったもの)のなかには、ことばとして読むとき、「今朝《けさ》」のように、とくべつな読みかたをするものがあります。

漢《かん》字《じ》れんしゅうノート

漢字を書《か》いてみましょう。

漢字は、ステップのじゅんばんどおりに、れんしゅうできるようになっています。

＊ととのった漢字を書くためにちゅういするとよいこと

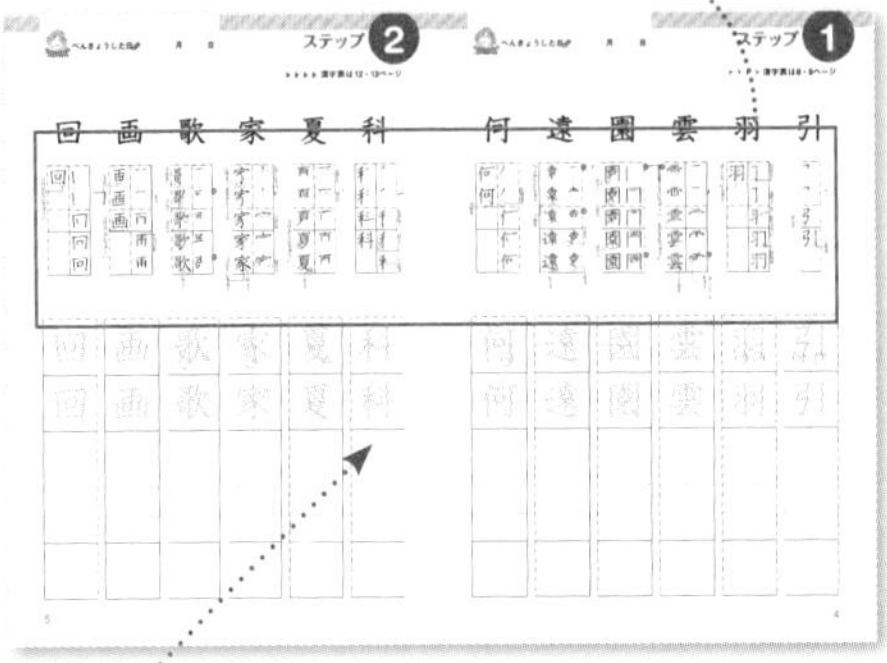

見本をみながら漢字を書いてみましょう。

2 れんしゅうもんだい

もんだいをといてみよう！

べんきょうした日を書きこみましょう。

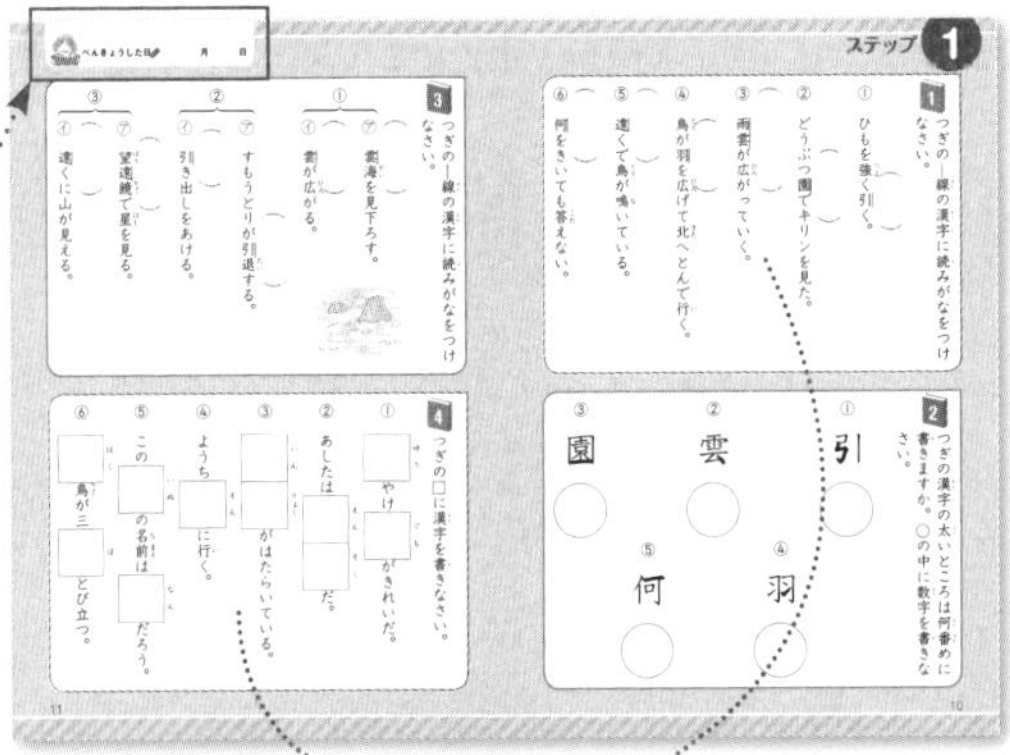

＊前《まえ》のページの漢字表《かんじひょう》で学習《がくしゅう》した漢字がたくさん出ています。

答《こた》えは、別冊《べっさつ》（本からとりはずせます）にまとめました。本のさいごについています。

なくさないようにちゅういしましょう。

＊答えには、かいせつ「ステップアップメモ」もついています。

3 力だめし・まとめテスト

力をためしてみましょう。

ステップ5回分《かいぶん》がおわったら、力だめしにチャレンジ。

さいごは、まとめテストにチャレンジしましょう。

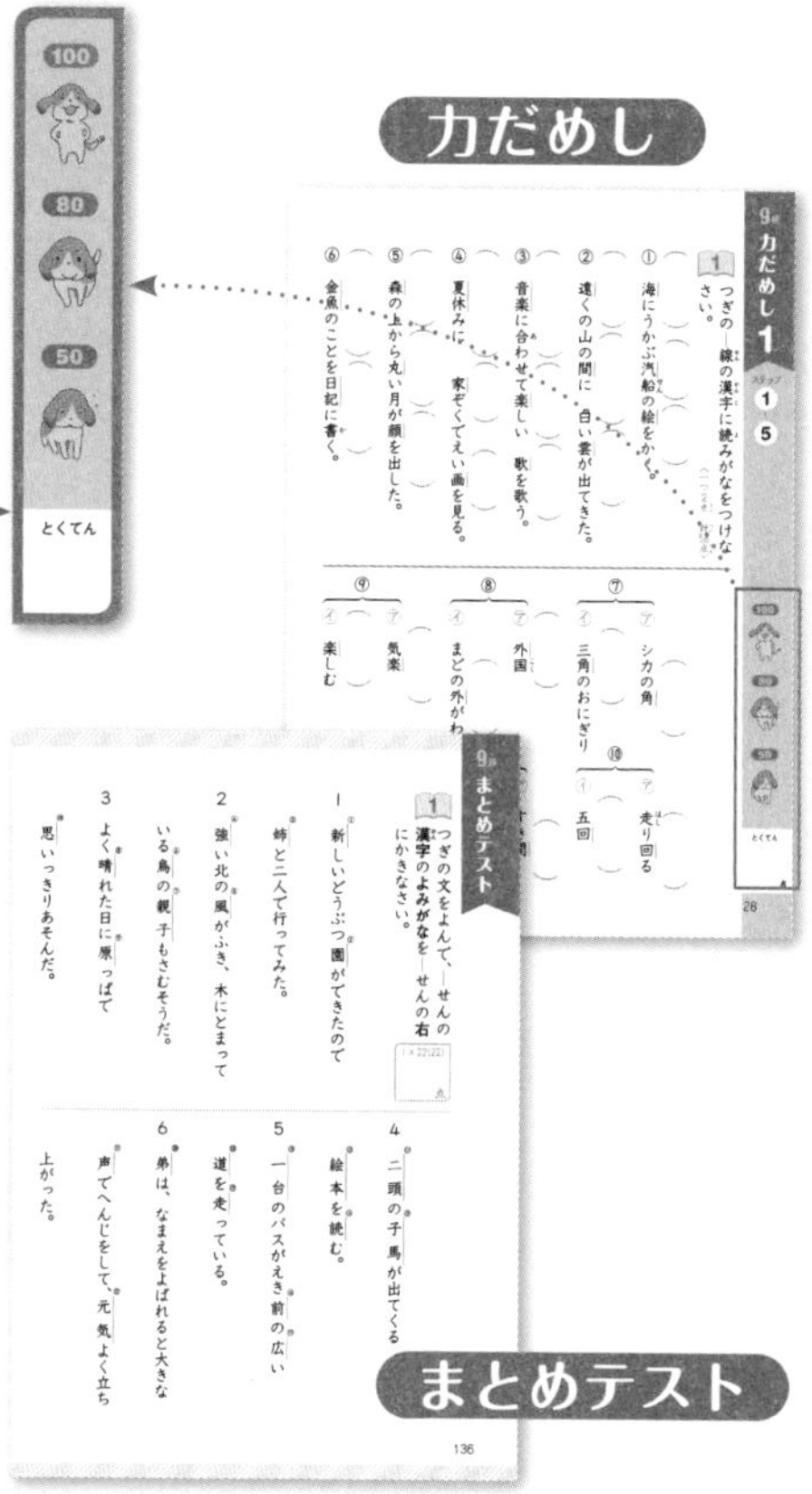

答《こた》え合《あ》わせをしたら、とくてんを書《か》きこみましょう。

クイズであそぼ!

力だめしのあとには、たのしいクイズのページがあります。

引

イン
ひ(く)
ひ(ける)

4画《かく》

ぶしゅ	弓
ぶしゅめい	ゆみへん

ことばとつかいかた

引力《いんりょく》　引《ひ》き算《ざん》
つな引《ひ》き
遠《とお》くに引《ひ》っこす

羽

ウ㊥
は
はね

6画

ぶしゅ	羽
ぶしゅめい	はね

ことばとつかいかた

◎羽毛《うもう》　▲羽子板《はごいた》
白《しろ》い羽《はね》
アヒルが三羽《さんば》いる

雲

ウン
くも

12画

ぶしゅ	⻗
ぶしゅめい	あめかんむり

ことばとつかいかた

雲海《うんかい》
入道雲《にゅうどうぐも》
今夜《こんや》は空《そら》に雲《くも》がない

園

エン
その㊥

13画

ぶしゅ	ぶしゅめい
口	くにがまえ

ことばとつかいかた

▲遊《ゆう》園《えん》地《ち》

◎花《はな》園《ぞの》

どうぶつ園《えん》に行《い》こう

遠

エン
オン㊔
とお(い)

13画

ぶしゅ	ぶしゅめい
⻌	しんにょう しんにゅう

ことばとつかいかた

遠《えん》足《そく》

▲◎久《く》遠《おん》

遠《とお》い山《やま》

遠《とお》あさの海《うみ》であそぶ

何

カ㊥
なに
なん

7画

ぶしゅ	ぶしゅめい
亻	にんべん

ことばとつかいかた

▲◎幾《き》何《か》学《がく》　何《なん》回《かい》

おやつは何《なに》かな？

★今日《きょう》は何《なん》曜《よう》日《び》？

1 つぎの―線《せん》の漢字《かんじ》に読《よ》みがなをつけなさい。

① ひもを強《つよ》く引く。（　）

② どうぶつ園でキリンを見た。（　）

③ 雨雲が広《ひろ》がっていく。（　）

④ 鳥《とり》が羽を広《ひろ》げて北《きた》へとんで行《い》く。（　）

⑤ 遠くで鳥《とり》が鳴《な》いている。（　）

⑥ 何をきいても答《こた》えない。（　）

2 つぎの漢字《かんじ》の太《ふと》いところは何番《なんばん》めに書《か》きますか。○の中に数字《すう じ》を書《か》きなさい。

① 引 ○

② 雲 ○

③ 園 ○

④ 羽 ○

⑤ 何 ○

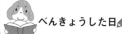

3

つぎの――線《せん》の漢字《かんじ》に読《よ》みがなをつけなさい。

① ㋐ 雲海《かい》を見下ろす。（　　）（　　）
　 ㋑ 雲が広《ひろ》がる。（　　）

② ㋐ すもうとりが引退《たい》する。（　　）
　 ㋑ 引き出しをあける。（　　）

③ ㋐ 望《ぼう》遠鏡《きょう》で星《ほし》を見る。（　　）
　 ㋑ 遠くに山が見える。（　　）

4

つぎの□に漢字《かんじ》を書《か》きなさい。

① □《ゆう》やけ□《ぐも》がきれいだ。

② あしたは□《えん》□《そく》だ。

③ □《いん》□《りょく》がはたらいている。

④ ようち□《えん》に行《い》く。

⑤ この□《いぬ》の名前《なまえ》は□《なん》だろう。

⑥ □《はく》鳥《ちょう》が三□《ば》とび立つ。

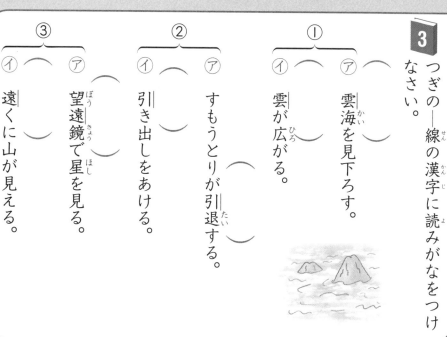

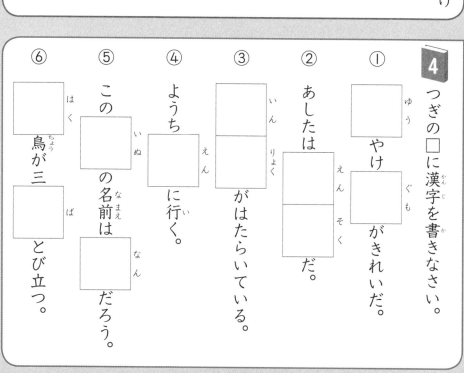

科

カ

9画《かく》

ぶしゅ	ぶしゅめい
禾	のぎへん

ことばとつかいかた

科学《かがく》

生活科《せいかつか》

教科書《きょうかしょ》を読《よ》む

夏

カ
ゲ㊥
なつ

10画

ぶしゅ	ぶしゅめい
夂	すいにょう ふゆがしら

ことばとつかいかた

▲初夏《しょか》

夏休《なつやす》み

◎夏▲至《げし》

夏《なつ》が近《ちか》づく

家

カ
ケ
いえ
や

10画

ぶしゅ	ぶしゅめい
宀	うかんむり

ことばとつかいかた

家▲族《かぞく》　家来《けらい》

となりの家《いえ》

いっけん家《や》にすむ

歌

カ
うた
うた(う)

14画

ぶしゅ　欠
ぶしゅめい　あくび　かける

ことばとつかいかた

歌《か》手《しゅ》　校《こう》歌《か》
歌《うた》声《ごえ》
大《おお》きな声《こえ》で歌《うた》う

画

ガ
カク

8画

ぶしゅ　田
ぶしゅめい　た

ことばとつかいかた

画《が》用《よう》紙《し》
計《けい》画《かく》
画《が》家《か》をめざす

回

カイ
エ(高)
まわ(る)
まわ(す)

6画

ぶしゅ　口
ぶしゅめい　くにがまえ

ことばとつかいかた

歩《ある》き回《まわ》る
後《あと》回《まわ》し
船《ふね》にのるのは二《に》回《かい》目《め》だ

1

つぎの―線《せん》の漢字《かんじ》に読《よ》みがなをつけなさい。

① 子もり歌が聞《き》こえてくる。
（　　）（　　）

② となりの家の人がたずねて来《く》る。
（　　）（　　）

③ 夏まつりで人形《ぎょう》を買《か》う。
（　　）（　　）

④ 画用紙《ようし》に絵《え》をかく。
（　　）

⑤ 科学の進歩《しんぽ》は目ざましい。
（　　）（　　）（　　）

⑥ 森をかけ回る。
（　　）（　　）

2

つぎの漢字《かんじ》の書《か》くじゅんばんは、どちらが正しいでしょう。正しい方《ほう》のきごうに○をつけなさい。

① 歌

㋐ 一 丁 可 哥 哥 哥 歌

㋑ 一 丆 可 可 哥 哥 歌

② 回

㋐ 丨 冂 冂 冋 同 回

㋑ 丨 冂 口 口 回 回

③ 家

㋐ 丷 宀 宀 宁 宇 家 家

㋑ 丷 宀 宀 宀 宇 家 家

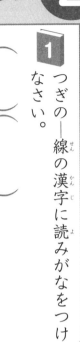

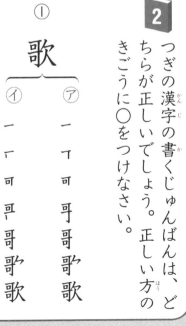

3

同《おな》じ読《よ》み方《かた》をしても、ちがう漢字《かんじ》があります。□に書《か》きなさい。

①
㋐ 公《こう》□《えん》であそぶ。
㋑ □《えん》方《ぽう》から人が来《く》る。

②
㋐ 農《のう》□《か》ではたらく。
㋑ 教《きょう》□《か》書《しょ》をかばんに入れる。

③
㋐ □《か》手がテレビに出ている。
㋑ □《か》具《ぐ》をはこぶ。

4

つぎの□に漢字《かんじ》を書《か》きなさい。

① 生活《せいかつ》□《か》のじゅぎょうをうける。
② 計《けい》□《かく》をすすめる。
③ □《うた》声《ごえ》がひびきわたる。
④ にもつを数《すう》□《かい》に分《わ》けてはこぶ。
⑤ □《か》ぞく旅行《りょこう》をする。
⑥ 初《しょ》□《か》の風《かぜ》がふく。

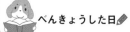

会

カイ
エ㊫
あ(う)

6画

ぶしゅ 𠆢
ぶしゅめい ひとやね

ことばとつかいかた

会《かい》社《しゃ》　音《おん》楽《がく》会《かい》
◎会《え》▲釈《しゃく》
友《とも》だちに会《あ》う

海

カイ
うみ

9画

ぶしゅ 氵
ぶしゅめい さんずい

ことばとつかいかた

海《かい》▲岸《がん》
青《あお》い海《うみ》
海《うみ》の水《みず》はしおからい

絵

カイ
エ

12画

ぶしゅ 糸
ぶしゅめい いとへん

ことばとつかいかた

絵《かい》画《が》　絵《え》本《ほん》
絵《え》日《にっ》記《き》
絵《え》はがきを買《か》う

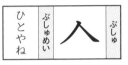

外

ガイ
ゲ㊥
そと
ほか
はず(す)
はず(れる)

5画

ぶしゅ	ぶしゅめい
夕	た ゆうべ

ことばとつかいかた

外《がい》国《こく》 ◎外《げ》科《か》
おには外《そと》
ボタンを外《はず》す

角

カク
かど
つの

7画

ぶしゅ	ぶしゅめい
角	かく つの

ことばとつかいかた

三《さん》角《かく》 まがり角《かど》
牛《うし》の角《つの》
つぎの角《かど》をまがる

楽

ガク
ラク
たの(しい)
たの(しむ)

13画

ぶしゅ	ぶしゅめい
木	き

ことばとつかいかた

音《おん》楽《がく》会《かい》 楽《らく》園《えん》
楽《たの》しいゆめ
スキーを楽《たの》しむ

1 つぎの—線《せん》の漢字《かんじ》に読《よ》みがなをつけなさい。

① コートのボタンを外す。

② 海水よくに行《い》く。

③ 絵画教室《きょうしつ》に通《かよ》う。

④ 大きな角のシカがいた。

⑤ 楽しい一日をすごす。

⑥ デパートで有名人《ゆうめいじん》に会った。

2 つぎの—線《せん》の漢字《かんじ》に読《よ》みがなをつけなさい。

①
㋐ 町角
㋑ 四角いいた

②
㋐ 海草《そう》
㋑ 海べ

③
㋐ 楽だん
㋑ 楽園

④
㋐ 外国《こく》
㋑ 町外れ

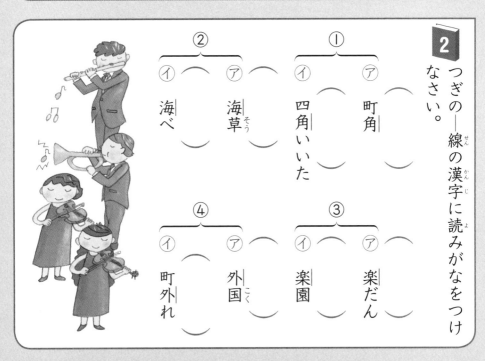

3

□にひらがなを一字書《か》いて、つぎのことばの読《よ》みをこたえなさい。

（れい　左右……さ[ゆ]う）

① お年玉……お□しだ□

② 外がわ……□とがわ

③ 夕日……ゆ□□

④ 水車……□い□や

⑤ 見学……け□□く

4

つぎの□に漢字《かんじ》を書《か》きなさい。

① 妹《いもうと》は□《え》□《ほん》がすきだ。

② 学級《がっきゅう》□《かい》をひらく。

③ つぎは□《おん》□《がく》のじゅぎょうだ。

④ □《さん》□《かく》じょうぎをつかう。

⑤ □《あお》い□《うみ》が広《ひろ》がる。

⑥ □《そと》の□《くう》□《き》をすう。

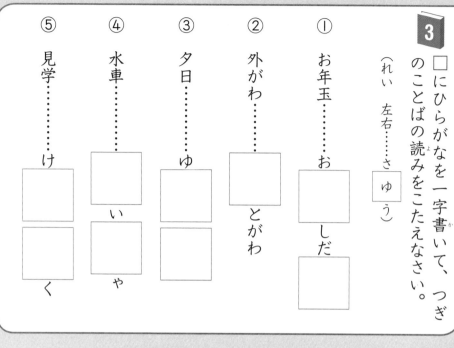

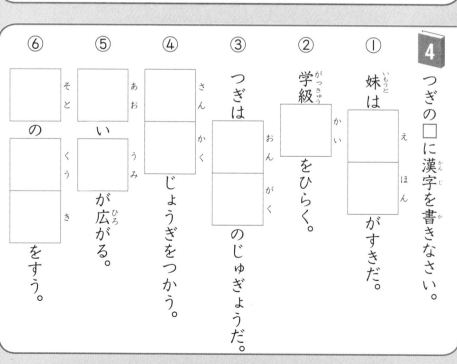

活

カツ

9画

ぶしゅ		ぶしゅめい	
ぶしゅ	氵	ぶしゅめい	さんずい

ことばとつかいかた

活《かつ》▲動《どう》

活火山《かっかざん》

リレーで活《かつ》やくする

間

カン
ケン
あいだ
ま

12画

ぶしゅ		ぶしゅめい	
ぶしゅ	門	ぶしゅめい	もんがまえ

ことばとつかいかた

時間《じかん》　▲世間《せけん》

休《やす》みの間《あいだ》　▲客間《きゃくま》

▲仲間《なかま》をあつめる

丸

ガン
まる
まる(い)
まる(める)

3画

ぶしゅ		ぶしゅめい	
ぶしゅ	丶	ぶしゅめい	てん

ことばとつかいかた

丸▲薬《がんやく》

丸太《まるた》　丸《まる》い石《いし》

目《め》を丸《まる》くする

岩

ガン
いわ

8画

ぶしゅ	ぶしゅめい
山	やま

ことばとつかいかた

岩石《がんせき》　火山岩《かざんがん》

岩場《いわば》

岩《いわ》になみが当《あ》たる

顔

ガン
かお

18画

ぶしゅ	ぶしゅめい
頁	おおがい

ことばとつかいかた

▲顔面《がんめん》

顔《かお》つき　▲横顔《よこがお》

顔《かお》をあらう

汽

キ

7画

ぶしゅ	ぶしゅめい
氵	さんずい

ことばとつかいかた

汽車《きしゃ》

汽船《きせん》

船《ふね》が▲汽笛《きてき》を鳴《な》らす

1 つぎの―線《せん》の漢字《かんじ》に読《よ》みがなをつけなさい。

① 海のそばで生活する。（　）（　）

② 船《ふね》の汽てきがひびく。（　）

③ 川にかかる丸木ばしをわたる。（　）（　）

④ 休みの間、ずっと家にいた。（　）（　）

⑤ 早おきして顔をあらう。（　）（　）

⑥ 海べにある大きな岩の上にすわる。（　）（　）

2 ㋐と㋑のカードを組《く》み合《あ》わせて、漢《かん》字《じ》をつくりなさい。（カードはそれぞれ一回ずつつかいます。）

①

㋐		㋑
袁	□	亻
云	□	弓
可	□	⻗
丨	□	辶

②

㋐		㋑
舌	□	彦
石	□	氵
日	□	山
頁	□	門

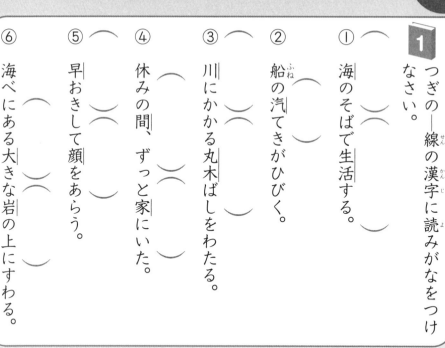

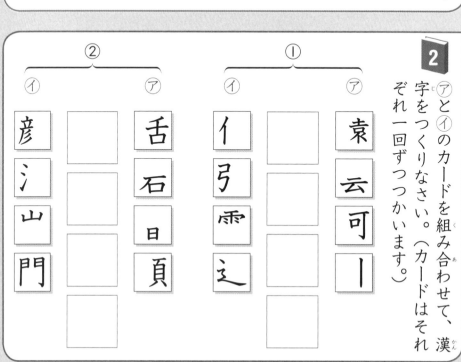

3

つぎの―線《せん》の漢字《かんじ》に読《よ》みがなをつけなさい。

①
㋐ 友《とも》だちと会う。（　）
㋑ 学級《がっきゅう》会で話《はな》し合《あ》う。（　）

②
㋐ 広《ひろ》間にきゃくを案内《あんない》する。（　）
㋑ 音楽の時《じ》間にハーモニカをふく。（　）

③
㋐ 顔の形《かたち》がはっきりしている。（　）
㋑ 顔面《めん》にボールが当《あ》たった。（　）

4

つぎの□に漢字《かんじ》を書《か》きなさい。

① ほう□《がん》なげにちょうせんする。

② □《いわ》がころがりおちてきた。

③ 今日《きょう》は母《はは》の□《かお》色《いろ》がよい。

④ サッカーで□《かつ》やくする。

⑤ □《き》□《しゃ》のまどから外を見る。

⑥ 昼《ひる》□《ま》はおきゃくさんが少《すく》ない。

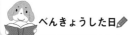

記

キ
しる(す)

10画

ぶしゅ		ぶしゅめい	
	言		ごんべん

ことばとつかいかた

記《き》▲録《ろく》
▲筆《ひっ》記《き》用《よう》▲具《ぐ》
思《おも》い出《で》を日記《にっき》に記《しる》す

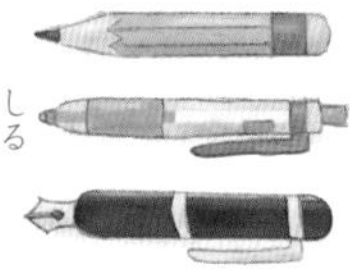

帰

キ
かえ(る)
かえ(す)

10画

ぶしゅ		ぶしゅめい	
	巾		はば

ことばとつかいかた

帰《き》国《こく》
帰《かえ》り道《みち》
家《いえ》に帰《かえ》る

弓

キュウ㊥
ゆみ

3画

ぶしゅ		ぶしゅめい	
	弓		ゆみ

ことばとつかいかた

◎弓道《きゅうどう》　弓形《ゆみがた》《◎きゅうけい》
弓《ゆみ》と矢《や》
弓《ゆみ》を引《ひ》く

牛

4画

ギュウ
うし

ぶしゅ 牛
ぶしゅめい うし

ことばとつかいかた

牛《ぎゅう》肉《にく》
牛《うし》小《ご》▲屋《や》
牛《うし》のちちをしぼる

魚

11画

ギョ
うお
さかな

ぶしゅ 魚
ぶしゅめい うお

ことばとつかいかた

金《きん》魚《ぎょ》
魚《うお》市《いち》場《ば》　魚《さかな》つり
小《こ》魚《ざかな》を丸《まる》ごと食《た》べる

京

8画

キョウ
ケイ㊥

ぶしゅ 亠
ぶしゅめい なべぶた けいさんかんむり

ことばとつかいかた

東《とう》京《きょう》タワー
◎京《けい》▲浜《ひん》工《こう》▲業《ぎょう》地《ち》▲帯《たい》
おばが上《じょう》京《きょう》する

1

つぎの―線《せん》の漢字《かんじ》に読《よ》みがなをつけなさい。

① 体《からだ》を弓のようにそらす。（　　）

② いつもよりおそく家に帰る。（　　）

③ 足のはやさを記ろくする。（　　）

④ 朝早《あさはや》く子牛が生まれた。（　　）

⑤ 京の町をさん歩《ぽ》する。（　　）

⑥ 金魚を池《いけ》でそだてる。（　　）

2

つぎの漢字《かんじ》の○のところは、はねるか、とめるか、正しい書《か》き方《かた》で○の中に書《か》きなさい。

① 古《ふる》い汽車

② まどの外

③ まがり角

④ ハトの羽

⑤ 東京《とうきょう》えき

3

つぎの漢字《かんじ》の太《ふと》いところは何番《なんばん》めに書《か》きますか。○の中に数字《すうじ》を書《か》きなさい。

① 帰 ○

② 楽 ○

③ 海 ○

④ 魚 ○

⑤ 丸 ○

4

つぎの□に漢字《かんじ》を書《か》きなさい。

① □《え》□《にっ》□《き》をかく。

② □《ゆみ》を□《ひ》くれんしゅうをする。

③ おじさんが□《じょう》□《きょう》する。

④ 父《ちち》がアメリカから□《き》国《こく》する。

⑤ 大きな□《さかな》をつりあげる。

⑥ 朝《あさ》、□《ぎゅう》にゅうをのむ。

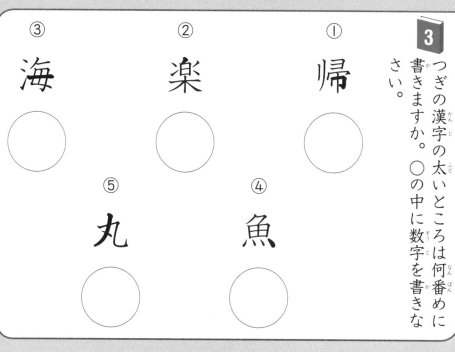

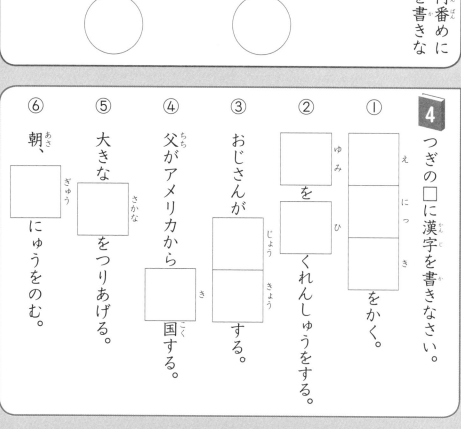

1

つぎの——線《せん》の漢字《かんじ》に読《よ》みがなをつけなさい。
〈一つ2点《てん》　計《けい》58点《てん》〉

① 海（　）にうかぶ汽船《せん》（　）の絵（　）をかく。

② 遠（　）くの山の間（　）に　白（　）い雲（　）が出てきた。

③ 音楽（　）に合《あ》わせて楽（　）しい　歌（　）を歌（　）う。

④ 夏休（　）みに　家（　）ぞくでえい画（　）を見る。

⑤ 森（　）の上から丸（　）い月が顔（　）を出した。

⑥ 金魚（　）のことを日記（　）に書《か》く。

⑦
ア シカの角（　）
イ 三角（　）のおにぎり

⑧
ア 外国《こく》（　）
イ まどの外（　）がわ

⑨
ア 気楽（　）
イ 楽（　）しむ

⑩
ア 走《はし》り回（　）る
イ 五回（　）

⑪
ア すき間（　）
イ 一《いっ》週《しゅう》間（　）

⑫
ア 牛（　）肉《にく》
イ 子牛（　）

100

80

50

とくてん
点

べんきょうした日　　月　　日

2

㋐と㋑のカードを組《く》み合《あ》わせて、漢字《かんじ》をつくりなさい。（カードはそれぞれ一回ずつつかいます。）

〈一つ2点《てん》　計《けい》16点《てん》〉

①

㋐	㋑
云	言
木	⻗
石	白
己	山

②

㋐	㋑
門	彦
頁	斗
禾	云
八	日

3

つぎの□に漢字《かんじ》を書《か》きなさい。

〈一つ2点《てん》　計《けい》26点《てん》〉

① 鳥《とり》の 1[　]《はね》 を 2[　]《なん》 まいもかざる。

② まとを目がけて 3[　]《ゆみ》 を 4[　]《ひ》 く。

③ 5[　　]《かいがい》 で 6[　　]《せいかつ》 する。

④ 7[　]《きょう》 のみやこの 8[　]《なつ》 はあつい。

⑤ ようち 9[　]《えん》 から 10[　]《いえ》 に 11[　]《かえ》 る。

⑥ 12[　　]《えんそく》 で 13[　　]《きしゃ》 にのる。

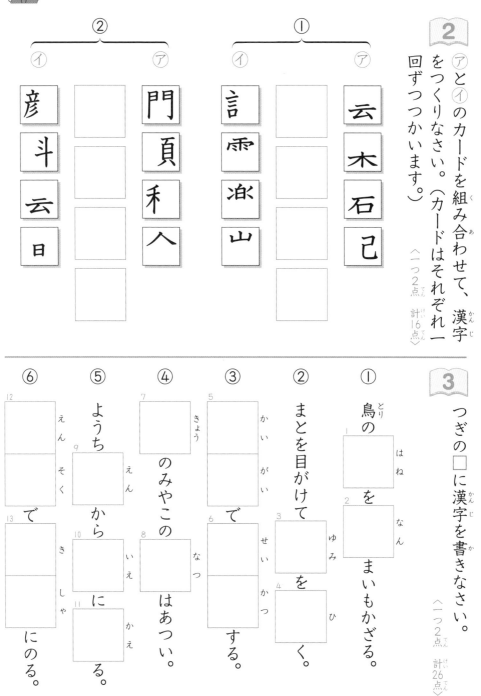

ひとやすみ

クイズで あそぼ！ 1

◆あなたはアスレチックひろばでかん太《た》くんとはぐれてしまいました。ひろばの入り口でとったしゃしんを見て、かん太《た》くんをさがしましょう。

かん太《た》くんのしゃしん

アスレチックひろば
汽
海
活
海
海
海
海

強

キョウ
ゴウ㊥
つよ(い)
つよ(まる)
つよ(める)
し(いる)㊥

11画

ぶしゅ	ぶしゅめい
弓	ゆみへん

ことばとつかいかた

▲勉強《べんきょう》　◎強引《ごういん》

強《つよ》い風《かぜ》　▲無理《むり》　◎強《じ》い

火《ひ》を強《つよ》める

教

キョウ
おし(える)
おそ(わる)

11画

ぶしゅ	ぶしゅめい
攵	のぶん ぼくづくり

ことばとつかいかた

教室《きょうしつ》　▲説教《せっきょう》

道《みち》を教《おし》える

先生《せんせい》から教《おそ》わる

近

キン
ちか(い)

7画

ぶしゅ	ぶしゅめい
辶	しんにょう しんにゅう

ことばとつかいかた

近所《きんじょ》　▲最近《さいきん》

近道《ちかみち》

近《ちか》くの山《やま》にのぼる

兄

ケイ
キョウ㊥
あに

5画

ぶしゅ	ぶしゅめい
儿	ひとあし にんにょう

ことばとつかいかた

父兄《ふけい》◎
兄弟《きょうだい》《けいてい》◎◎
★兄《にい》さん
◎兄《あに》は高校生《こうこうせい》だ

形

ケイ
ギョウ
かた
かたち

7画

ぶしゅ	ぶしゅめい
彡	さんづくり

ことばとつかいかた

図形《ずけい》　人形《にんぎょう》
母《はは》の形見《かたみ》　顔《かお》の形《かたち》
ニンジンをひし形《がた》に切《き》る

計

ケイ
はか(る)
はか(らう)

9画

ぶしゅ	ぶしゅめい
言	ごんべん

ことばとつかいかた

計画《けいかく》　合計《ごうけい》
時間《じかん》を計《はか》る
計算《けいさん》のテストをうける

1 つぎの—線《せん》の漢字《かんじ》に読《よ》みがなをつけなさい。

① 兄はピアノがとくいだ。（　　）

② 教室《しつ》はいつもきれいにしておこう。（　　）

③ きのうは、とても強い風《かぜ》がふいた。（　　）

④ 最《さい》近、およげるようになった。（　　）

⑤ 友《とも》だちとゆび人形を作《つく》る。（　　）

⑥ あそびの計画を立てる。（　　）

2 つぎの～線《せん》のひらがなを漢字《かんじ》で書《か》くと、どちらが正しいですか。正しい方《ほう》のきごうに○をつけなさい。

① 元《げん》き

㋐ 元《げん》汽

㋑ 元《げん》気

② まんなか

㋐ まん中

㋑ まん虫

③ けい算《さん》

㋐ 記算《さん》

㋑ 計算《さん》

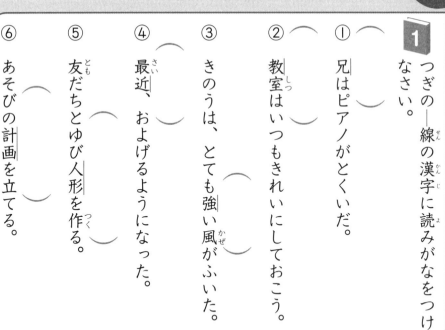

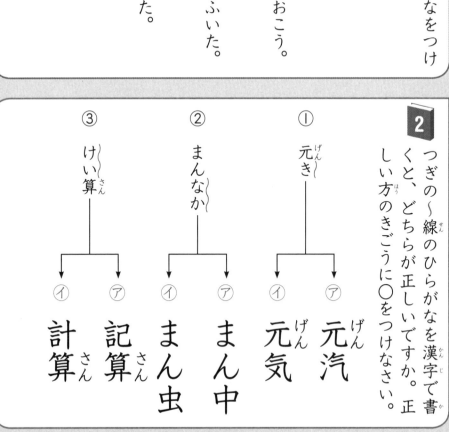

3

れいのように同《おな》じなかまの漢字《かんじ》を□に書《か》きなさい。

（れい　艹……草《くさ》木・花《はな》火）

① 亻……□《やす》む・□《なん》人

② 囗……公《こう》□《えん》・今《こん》□《かい》

③ 弓……□《つよ》い・つな□《ひ》き

④ 辶……□《ちか》い・□《とお》い

⑤ 言……□《き》ろく・合《ごう》□《けい》

4

つぎの□に漢字《かんじ》を書《か》きなさい。

① □《ちか》くにようち□《えん》がある。

② □《さん》□《かく》□《けい》のはこ。

③ □《いえ》でべん□《きょう》する。

④ □《せん》□《せい》に漢字《かんじ》を□《おそ》わる。

⑤ □《きょう》弟《だい》で□《さかな》つりに行《い》く。

⑥ □《がっ》□《こう》までの時《じ》間《かん》を□《はか》る。

元

ゲン
ガン
もと

4画

ぶしゅ	ぶしゅめい
儿	ひとあし にんにょう

ことばとつかいかた

元気《げんき》　元日《がんじつ》

火《ひ》の元《もと》

おもちゃを元《もと》にもどす

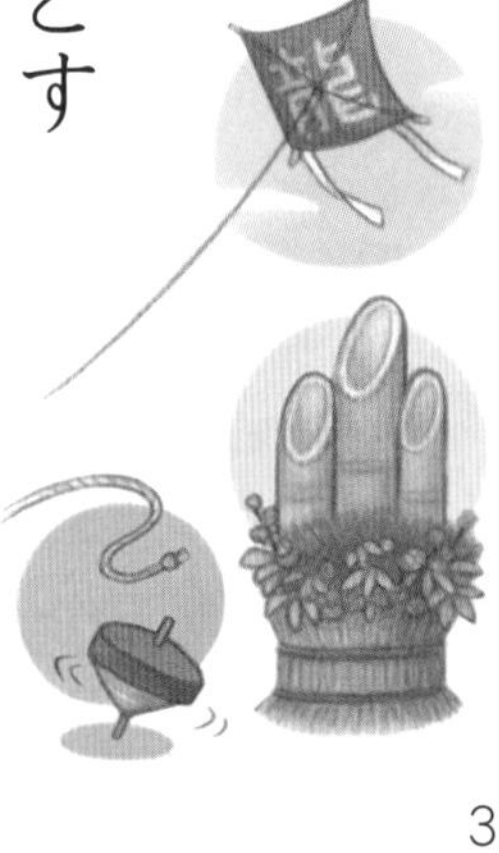

言

ゲン
ゴン
い(う)
こと

7画

ぶしゅ	ぶしゅめい
言	げん

ことばとつかいかた

▲発言《はつげん》　▲伝言《でんごん》

▲言葉《ことば》

わがままを言《い》う

原

ゲン
はら

10画

ぶしゅ	ぶしゅめい
厂	がんだれ

ことばとつかいかた

草原《そうげん》

野原《のはら》　★川原《かわら》

高原《こうげん》で休日《きゅうじつ》をすごす

戸

4画

コ
と

ぶしゅ	ぶしゅめい
戸	と

ことばとつかいかた

一戸《いっこ》だての家《いえ》
戸《と》じまり　雨戸《あまど》
戸《と》をしめる

古

5画

コ
ふる（い）
ふる（す）

ぶしゅ	ぶしゅめい
口	くち

ことばとつかいかた

古書《こしょ》　中古車《ちゅうこしゃ》
古《ふる》い家《いえ》
古《ふる》い新聞《しんぶん》をかたづける

午

4画

ゴ

ぶしゅ	ぶしゅめい
十	じゅう

ことばとつかいかた

午前《ごぜん》
午後《ごご》
テストは正午《しょうご》におわった

1

つぎの―線《せん》の漢字《かんじ》に読《よ》みがなをつけなさい。

① 外（　）にでて元気（　）にあそぶ。

② 公園《こう》（　）の時計《とけい》が正午（　）をさしていた。

③ 原（　）っぱにさいている花（　）をつむ。

④ お兄（　）さんは言（　）いわけをしない。

⑤ かいた絵（　）を　戸（　）だなにしまう。

⑥ 古（　）くなった　校（　）舎《しゃ》をたてかえる。

2

㋐と㋑のカードを組《く》み合《あ》わせて、漢《かん》字《じ》をつくりなさい。（カードはそれぞれ一回ずつつかいます。）

①

㋐ 虫　己　彡　斤

㋑ 言　辶　弓　开

②

㋐ 口　儿　尓　泉

㋑ 亠　十　厂　二

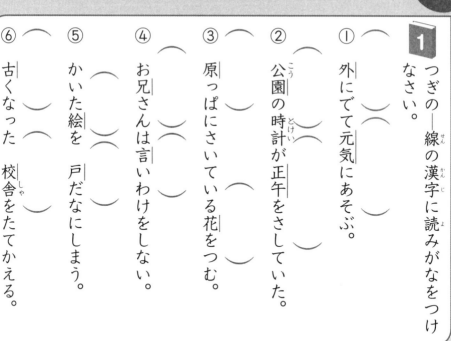

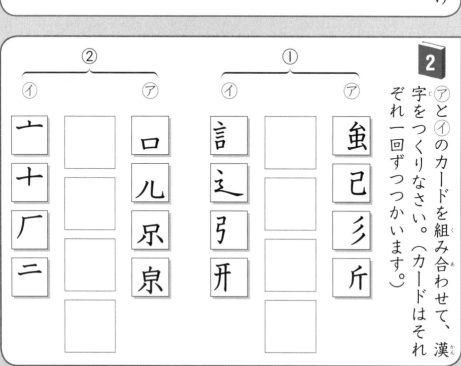

3 つぎの──線の漢字に読みがなをつけなさい。

① ㋐ 古い絵を見つける。（　）
　 ㋑ 中古車をさがしに行（い）く。（　）

② ㋐ うんどう会で玉入れをする。（　）
　 ㋑ えきで友（とも）だちと会う。（　）

③ ㋐ きせかえ人形であそぶ。（　）
　 ㋑ 紙（かみ）を正方形（せいほう）に切（き）る。（　）

4 つぎの□に漢字を書きなさい。

① そうげん □ をかけ回る。

② ごぜん □ 前中に □ て かける。

③ ひ □ もと の □ をかくにんする。

④ いっこ □ だての □ いえ にすむ。

⑤ つかい □ ふる されたぞうきん。

⑥ こと □ 葉を □ まな ぶ。

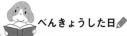

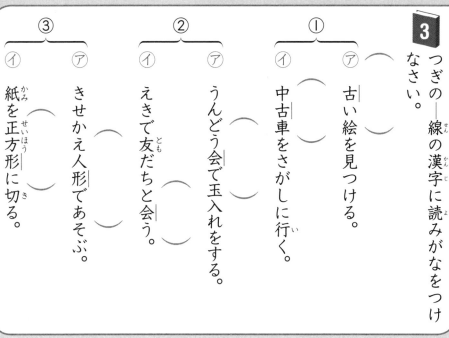

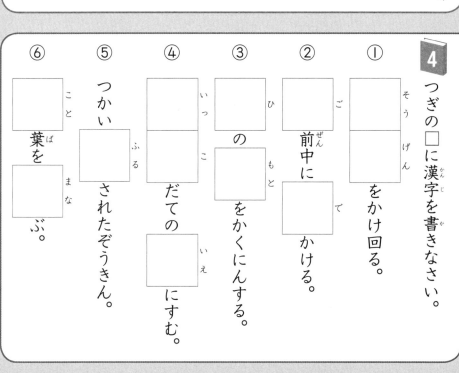

後

ゴ
コウ
のち
うし(ろ)
あと
おく(れる)㊥

9画

ぶしゅ		ぶしゅめい	
ぶしゅ	彳	ぶしゅめい	ぎょうにんべん

ことばとつかいかた

食後《しょくご》　後方《こうほう》

後《あと》しまつ　◎気後《きおく》れ

父《ちち》の後《うし》ろについていく

語

ゴ
かた(る)
かた(らう)

14画

ぶしゅ		ぶしゅめい	
ぶしゅ	言	ぶしゅめい	ごんべん

ことばとつかいかた

語学《ごがく》　外国語《がいこくご》

語《かた》り手《て》

ゆめを語《かた》り合《あ》う

工

コウ
ク

3画

ぶしゅ		ぶしゅめい	
ぶしゅ	工	ぶしゅめい	え たくみ

ことばとつかいかた

工作《こうさく》　図工《ずこう》

大工《だいく》さん

工場《こうじょう》《こうば》を見学《けんがく》する

公

コウ
おおやけ㊥

4画

ぶしゅ	ぶしゅめい
八	はち

ことばとつかいかた

公園《こうえん》　▲主人公《しゅじんこう》

◎公《おおやけ》の場《ば》

公《こう》▲平《へい》に分《わ》ける

広

コウ
ひろ(い)
ひろ(まる)
ひろ(める)
ひろ(がる)
ひろ(げる)

5画

ぶしゅ	ぶしゅめい
广	まだれ

ことばとつかいかた

広《こう》▲告《こく》　広場《ひろば》

広《ひろ》い野原《のはら》

麦《むぎ》ばたけが広《ひろ》がる

交

コウ
ま(じわる)
ま(じえる)
ま(じる)
ま(ざる)
ま(ぜる)
か(う)㊥
か(わす)㊥

6画

ぶしゅ	ぶしゅめい
亠	なべぶた けいさんかんむり

ことばとつかいかた

交番《こうばん》　道《みち》が交《まじ》わる

鳥《とり》が▲飛《と》び◎交《か》う

交通《こうつう》がべんりになる

1

つぎの―線《せん》の漢《かん》字《じ》に読《よ》みがなをつけなさい。

① 兄の 後ろにかくれる。

② 先生が子どもに語りかける。

③ 公立の学校に入学する。

④ 大工さんが戸をなおしている。

⑤ 交番《ばん》でえきの方《ほう》角をたずねた。

⑥ 雲一つない青空が広がる。

2

つぎの―線《せん》の漢《かん》字《じ》に読《よ》みがなをつけなさい。

①

㋐ 食《しょく》後のデザートを食《た》べる。

㋑ ゲームの後半《はん》で点《てん》をとる。

②

㋐ 外国《がいこく》語をならう。

㋑ ゆめを語り合《あ》う。

③

㋐ 広大な土《と》地《ち》をたがやす。

㋑ 鳥《とり》が羽を広げる。

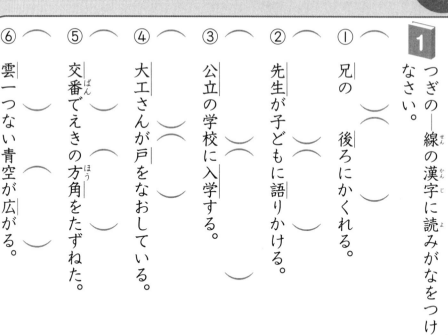

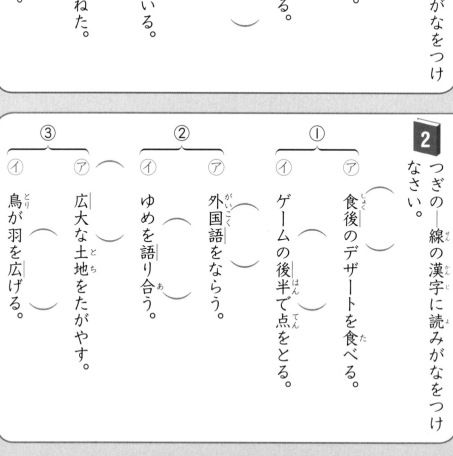

3

つぎの――線《せん》のカタカナを○の中の漢《かん》字《じ》とひらがなで書《か》きなさい。

（れい）正　タダシイ字を書《か》く。（正しい）

① 回　風車《かざぐるま》がくるくるマワル。□

② 丸　マルイ風船《ふうせん》をとばす。□

③ 交　二つの道《みち》がマジワル。□

④ 教　すきな歌をオシエル。□

4

つぎの□に漢字《かんじ》を書《か》きなさい。

① 晴《は》れ□《のち》くもりの□□《てんき》。

② □《ひろ》場《ば》に□《うし》がいる。

③ □《こう》事《じ》で□《つち》をほった。

④ 主人《しゅじん》□《こう》の□《おとこ》の子。

⑤ 国《こく》□《ご》の時《じ》□《かん》はすきだ。

⑥ □《こう》さ点《てん》を□《みぎ》にまがる。

光

6画

コウ
ひか（る）
ひかり

ぶしゅ	ぶしゅめい
儿	ひとあし にんにょう

ことばとつかいかた

光線《こうせん》　日光《にっこう》
月《つき》の光《ひかり》
川《かわ》の水《みず》がきらきら光《ひか》る

考

6画

コウ
かんが（える）

ぶしゅ	ぶしゅめい
耂	おいかんむり おいがしら

ことばとつかいかた

▲参考書《さんこうしょ》
考《かんが》え方《かた》
インコの名前《なまえ》を考《かんが》える

行

6画

コウ
ギョウ
アン（高）
い（く）
ゆ（く）
おこな（う）

ぶしゅ	ぶしゅめい
行	ぎょう

ことばとつかいかた

旅行《りょこう》　▲行列《ぎょうれつ》　◎行火《あんか》
▲東京《とうきょう》に行《い》《ゆ》く
大会《たいかい》が行《おこな》われる

高

10画

コウ
たか
たか(い)
たか(まる)
たか(める)

ぶしゅ	ぶしゅめい
高	たかい

ことばとつかいかた

高原《こうげん》　高▲級▲品《こうきゅうひん》

高《たか》い山《やま》

高《たか》いビルがならぶ

黄

11画

コウ㊥
オウ
き
こ㊥

ぶしゅ	ぶしゅめい
黄	き

ことばとつかいかた

黄金《おうごん》《◎こがね》　黄色《きいろ》《おうしょく》

たまごの黄▲身《きみ》

黄色《きいろ》いリボンをむすぶ

合

6画

ゴウ
ガッ
カッ
あ(う)
あ(わす)
あ(わせる)

ぶしゅ	ぶしゅめい
口	くち

ことばとつかいかた

合計《ごうけい》　合▲宿《がっしゅく》

合図《あいず》　声《こえ》を合《あ》わせる

おやつを分《わ》け合《あ》う

1 つぎの―線《せん》の漢字《かんじ》に読《よ》みがなをつけなさい。

① 高いビルがたちならぶ都市《とし》。

② みんなで話《はな》し合う。

③ よい方法《ほうほう》を考える。

④ わたしは黄色《いろ》がすきだ。

⑤ アリが行列《れつ》を作《つく》っている。

⑥ 星《ほし》がきらきら光る。

2 つぎの漢字《かんじ》の○のところは、はねるか、とめるか、正しい書《か》き方《かた》で○の中に書《か》きなさい。

① まぶしい日光○

② 考○え方《かた》

③ 船《ふね》の汽○てき

④ 絵日記○

⑤ 丸○いボール

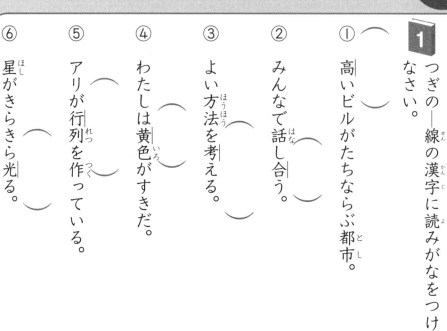

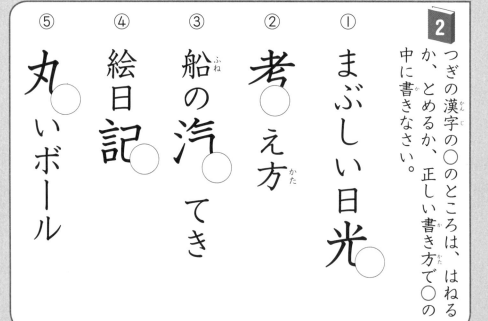

3 つぎの□に漢字《かんじ》を書《か》きなさい。

① ひくい……□《たか》い

② 近い……□《とお》い

③ 行く……□《かえ》る

④ おす……□《ひ》く

4 つぎの□に漢字《かんじ》を書《か》きなさい。

① □《かい》□《がい》を旅《りょ》□《こう》する。

② □《くるま》が□《こう》速《そく》で走《はし》る。

③ 参《さん》□《こう》書《しょ》を□《み》る。

④ □《つき》の□《ひかり》がさしこむ。

⑤ □《にん》数《ずう》を□《ごう》□《けい》する。

⑥ □《おう》□《ごん》にかがやくぶつぞう。

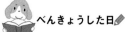

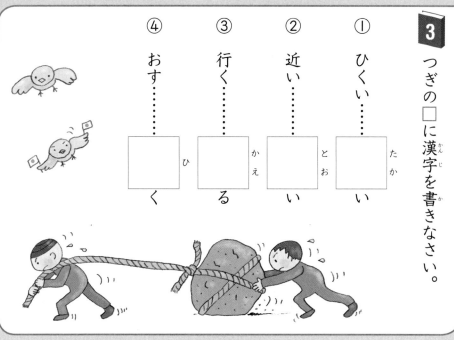

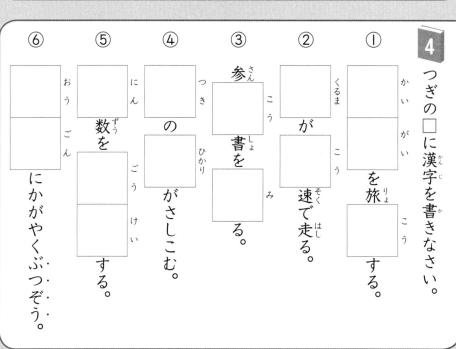

谷

コク㊥
たに

7画

ぶしゅ 谷 ぶしゅめい たに

ことばとつかいかた

▲峡◎谷《きょうこく》

谷川《たにがわ》　谷間《たにま》

谷《たに》にそった道《みち》を歩《ある》く

国

コク
くに

8画

ぶしゅ 口 ぶしゅめい くにがまえ

ことばとつかいかた

国土《こくど》　南国《なんごく》

雪国《ゆきぐに》

トラックが国道《こくどう》を走《はし》る

黒

コク
くろ
くろ(い)

11画

ぶしゅ 黒 ぶしゅめい くろ

ことばとつかいかた

黒▲板《こくばん》　大黒▲柱《だいこくばしら》

黒《くろ》い雲《くも》

店《みせ》の前《まえ》は黒山《くろやま》の人《ひと》だかりだ

今

4画

コン
キン㊥
いま

ぶしゅ	ぶしゅめい
人	ひとやね

ことばとつかいかた

今夜《こんや》　ただ今《いま》
★今朝《けさ》　★今年《ことし》《こんねん》
★今日《きょう》は雨《あめ》がふるそうだ

才

3画

サイ

ぶしゅ	ぶしゅめい
手	て

ことばとつかいかた

天才《てんさい》
▲英《えい》才《さい》教《きょう》▲育《いく》
音楽《おんがく》の才《さい》▲能《のう》をのばす

細

11画

サイ
ほそ(い)
ほそ(る)
こま(か)
こま(かい)

ぶしゅ	ぶしゅめい
糸	いとへん

ことばとつかいかた

細心《さいしん》のちゅうい
細《ほそ》い糸《いと》
細《こま》かい字《じ》　細《ほそ》長《なが》い石《いし》をひろう

1

つぎの—線《せん》の漢字《かんじ》に読《よ》みがなをつけなさい。

① 今月は（　　）（　　）休みが八日もある。

② さむい国のくらしについて教わる。

③ 空いっぱいに黒い雲が出てきた。

④ ユリの花が谷間にさいている。

⑤ にわに細い竹が生えている。

⑥ 妹《いもうと》には音楽の才能《のう》がある。

2

つぎの漢字《かんじ》の書《か》くじゅんばんは、どちらが正しいでしょう。正しい方《ほう》のきごうに○をつけなさい。

① 国

㋐　㋑

② 考

㋐　㋑

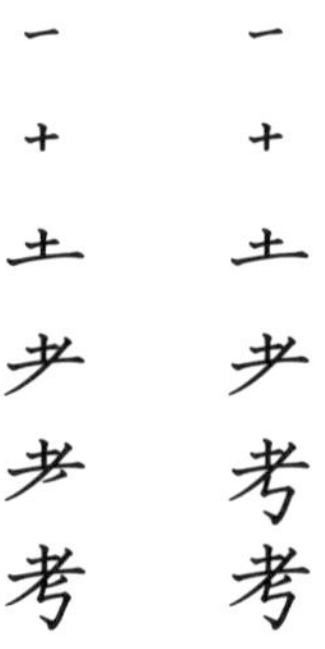

③ 黒

㋐　㋑

3 れいのように同《おな》じなかまの漢字《かんじ》を□に書《か》きなさい。

（れい　艹……草《くさ》木・花《はな》火）

① 氵……□《かい》水・生□《かつ》

② 儿……□《げん》気・□《きょう》弟《だい》

③ 言……合□《けい》・日本□《ご》

④ 入……音楽□《かい》・□《こん》夜《や》

⑤ 糸……ぬり□《え》・□《ほそ》うで

4 つぎの□に漢字《かんじ》を書《か》きなさい。

① イギリスの□《こく》王が来《く》る。

② □《いま》までつりをしたことがない。

③ 紙《かみ》を□《こま》かく切《き》る。

④ □《たに》へつづく道《みち》がある。

⑤ □《こく》板《ばん》に答《こた》えを書《か》く。

⑥ エジソンは発明《はつめい》の天□《さい》だ。

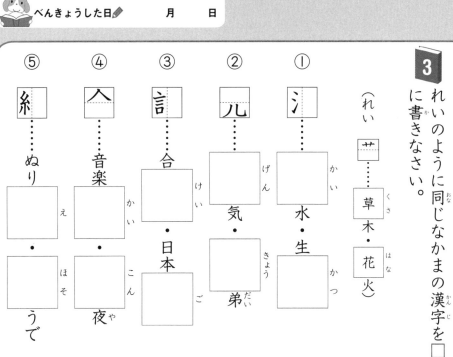

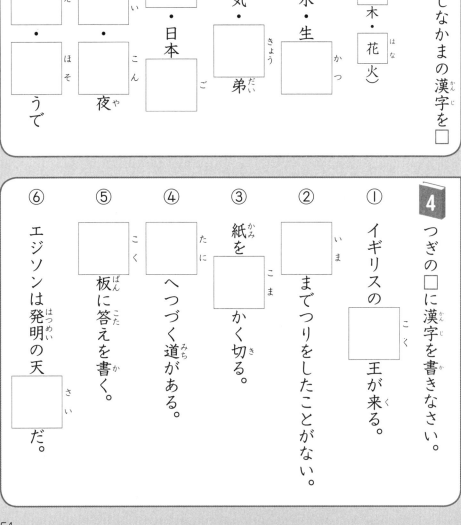

1 つぎの―線《せん》の漢字《かんじ》に読《よ》みがなをつけなさい。〈一つ2点《てん》 計46点《てん》〉

① 大工さんが木を細長《なが》く切《き》る。

② 午後三時《さんじ》に公園で会おう。

③ へやに強い光がさしこむ。

④ 黄色《いろ》い花がさく原っぱ。

⑤ 黒い犬が元気よく走《はし》る。

⑥ 古くて 広い 工場《じょう》を見学する。

⑦ ㋐ ひな人形 ㋑ 四角形

⑧ ㋐ 高い山 ㋑ 高学年

⑨ ㋐ 教える ㋑ 教室《しつ》

⑩ ㋐ 戸じまり ㋑ 一戸だての家

⑪ ㋐ ひと言 ㋑ 言いわけ

100

80

50

とくてん
点

2

つぎの漢字《かんじ》の◯のところは、はねるか、とめるか、正しい書《か》き方《かた》で◯の中に書《か》きなさい。〈一つ2点《てん》 計10点《てん》〉

① やさしい兄◯

② 強◯い力

③ 野《の》原◯の虫

④ 何◯本かの花

⑤ 火の元◯

3

つぎの□に漢字《かんじ》を書《か》きなさい。〈一つ2点《てん》 計26点《てん》〉

① 1□《ちか》くの2□《こう》番《ばん》に3□《い》く。

② 4□《ご》前《ぜん》七《しち》時《じ》に5□《と》をあける。

③ 6□□《てんさい》画家の7□《ひか》りかがやく人生。

④ 8□《たに》にながれる9□《ほそ》い川。

⑤ お10□《たの》しみ会の11□《けい》画を立てる。

⑥ 12□《いま》から13□□《こくご》のテストだ。

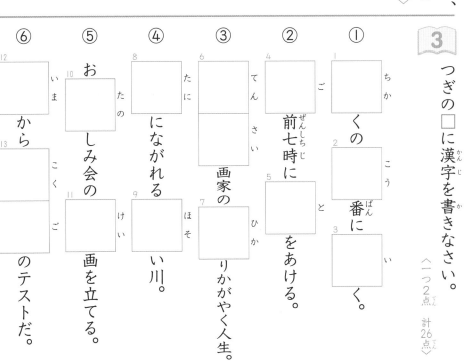

4 つぎの□に漢字《かんじ》を書《か》き、上のことばとはんたいのいみのことばをむすびなさい。

〈一つ2点《てん》　計10点《てん》〉

① あらい　●　　●　□《ちか》い

② 遠い　●　　●　□《い》く

③ 白　●　　●　□《くろ》

④ 帰る　●　　●　□《いま》

⑤ むかし　●　　●　□《こま》かい

5 つぎの――線《せん》のカタカナを○の中の漢字《かんじ》とひらがなで書《か》きなさい。

〈一つ2点《てん》　計8点《てん》〉

（れい　㊣　タダシイ字を書《か》く。　［正しい］）

① ㊋光 ヒカル虫を見つける。　［　　］

② ㊋広 りょう手をヒロゲル。　［　　］

③ ㊋考 犬の名前《なまえ》をカンガエル。　［　　］

④ ㊋後 ウシロをふりかえる。　［　　］

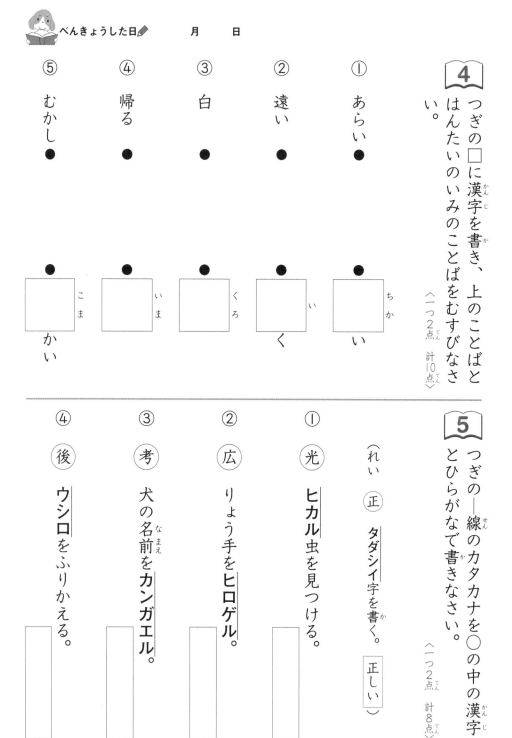

ひとやすみ クイズであそぼ！2

◆町のようすを絵にかきました。上と下の絵には、ちがうところが5かしょあります。下の絵に、上の絵とちがっているところを○でかこんでみましょう。

作

サク
サ
つく(る)

7画

ぶしゅ	ぶしゅめい
イ	にんべん

ことばとつかいかた

作文《さくぶん》《さくもん》　工作《こうさく》
▲作業《さぎょう》　▲動作《どうさ》
人形《にんぎょう》を作《つく》る

算

サン

14画

ぶしゅ	ぶしゅめい
⺮	たけかんむり

ことばとつかいかた

算数《さんすう》
計算《けいさん》
▲暗算《あんざん》がとくいだ

止

シ
と(まる)
と(める)

4画

ぶしゅ	ぶしゅめい
止	とめる

ことばとつかいかた

中止《ちゅうし》
通行止《つうこうど》め
わらいが止《と》まらない

市

シ
いち

5画

ぶしゅ	ぶしゅめい
巾	はば

ことばとつかいかた

市長《しちょう》　▲都市《とし》
朝市《あさいち》
市内《しない》を▲観光《かんこう》する

矢

シ㊂高
や

5画

ぶしゅ	ぶしゅめい
矢	や

ことばとつかいかた

◎一《いっ》矢《し》をむくいる
矢《や》じるし
こいのぼりの矢車《やぐるま》　矢《や》をいる

姉

シ㊥中
あね

8画

ぶしゅ	ぶしゅめい
女	おんなへん

ことばとつかいかた

◎姉《し》◎妹《まい》　姉《あね》と妹《いもうと》
★姉《ねえ》さん
姉《あね》と歩《ある》く

1 つぎの――線《せん》の漢字《かんじ》に読《よ》みがなをつけなさい。

① つかったお金を計算する。

② 田んぼで米《こめ》を作る。

③ 雨でおまつりが中止になる。

④ 弓と　矢をつかってかりをする。

⑤ 市長《ちょう》が学校に来《く》る。

⑥ お姉さんがべん強を教えてくれる。

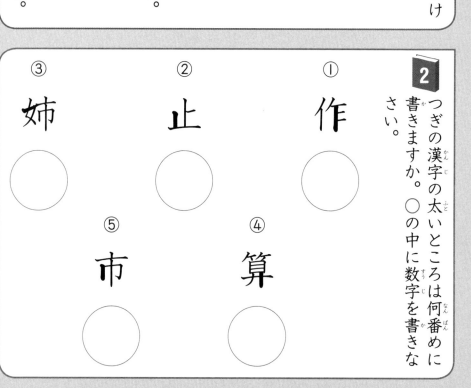

2 つぎの漢字《かんじ》の太《ふと》いところは何番《なんばん》めに書《か》きますか。○の中に数字《すうじ》を書《か》きなさい。

① 作

② 止

③ 姉

④ 算

⑤ 市

べんきょうした日　　月　　日

3

㋐と㋑のカードを組《く》み合《あ》わせて、漢《かん》字《じ》をつくりなさい。（カードはそれぞれ一回ずつつかいます。）

①

㋐　ム　玉　父　ラ

□　□　□　□

㋑　𠆢　亠　口　八

②

㋐　乍　田　市　巾

□　□　□　□

㋑　糸　女　亠　亻

4

つぎの□に漢字《かんじ》を書《か》きなさい。

①　□《あに》は□《さん》数《すう》がとくいだ。

②　□《いち》場《ば》で□《さかな》を買《か》う。

③　□《とお》くから□《や》をはなつ。

④　学校で□《さく》□《ぶん》を書《か》く。

⑤　□《あか》しんごうで□《と》まる。

⑥　□《あね》と□《なつ》まつりに行く。

思

9画

シ
おも(う)

ぶしゅ		ぶしゅめい	
	心		こころ

ことばとつかいかた

思《し》▲案《あん》にくれる
思《おも》い出《で》
午《ご》後《ご》からは雨《あめ》だと思《おも》う

紙

10画

シ
かみ

ぶしゅ		ぶしゅめい	
	糸		いとへん

ことばとつかいかた

半《はん》紙《し》
紙《かみ》ひこうき
手《て》紙《がみ》を書《か》く

寺

6画

ジ
てら

ぶしゅ		ぶしゅめい	
	寸		すん

ことばとつかいかた

寺《じ》社《しゃ》
お寺《てら》まいり
寺《てら》でひと休《やす》みする

自

ジ
シ
みずか(ら)

6画

ぶしゅ	ぶしゅめい
自	みずから

ことばとつかいかた

自《じ》▲転《てん》車《しゃ》　大《だい》自《し》▲然《ぜん》
自《じ》▲信《しん》をもつ
自《みずか》らの力《ちから》で▲勝《か》つ

時

ジ
とき

10画

ぶしゅ	ぶしゅめい
日	ひへん

ことばとつかいかた

時《じ》▲報《ほう》　三《さん》時《じ》のおやつ
一《いち》年《ねん》生《せい》の時《とき》の▲写《しゃ》▲真《しん》　★時計《とけい》
時《じ》間《かん》がたつのをわすれる

室

シツ
むろ㊥

9画

ぶしゅ	ぶしゅめい
宀	うかんむり

ことばとつかいかた

室《しつ》内《ない》　地《ち》下《か》室《しつ》
◎室《むろ》町《まち》時《じ》▲代《だい》
水《すい》▲泳《えい》教《きょう》室《しつ》に通《かよ》う

1

つぎの―線《せん》の漢字《かんじ》に読《よ》みがなをつけなさい。

① 自信《しん》をもってはっぴょうする。

② どうしようかと思案《あん》にくれる。

③ 古い寺におまいりする。

④ 室内《ない》をそうじする。

⑤ 五時におきて山にむかった。

⑥ 紙ひこうきをとばす。

2

つぎの漢字《かんじ》の○のところは、はねるか、とめるか、正しい書《か》き方《かた》で○の中に書《か》きなさい。

① 同《どう》時○

② 元○日

③ 手作○り

④ 思○いやり

⑤ 大きな寺○

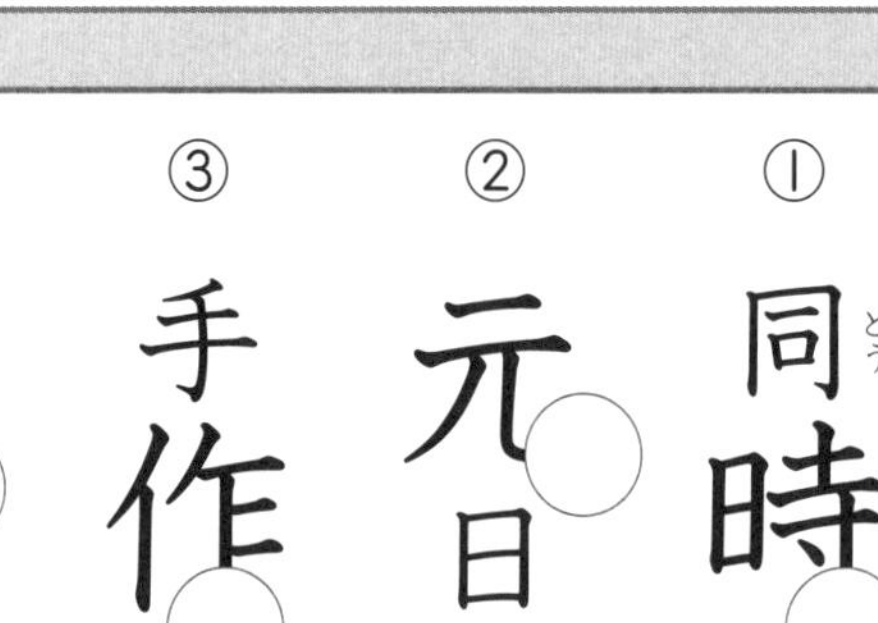

3

同《おな》じ読《よ》み方《かた》をしても、ちがう漢字《かんじ》があります。□に書《か》きなさい。

①
㋐ おやつを□《こう》平《へい》に分《わ》ける。
㋑ □《こう》通《つう》がべんりになる。

②
㋐ □《じ》てん車で買《か》いものに行く。
㋑ 学校までの□《じ》間を計る。

③
㋐ 新聞《しんぶん》□《し》をすてる。
㋑ □《し》長《ちょう》さんに会う。

4

つぎの□に漢字《かんじ》を書《か》きなさい。

① そろばんの□《きょう》□《しつ》に通《かよ》う。

② □《みずか》らの□《ちから》をためす。

③ お□《てら》の門《もん》をくぐる。

④ □《とき》は□《かね》なりということわざ。

⑤ □《かみ》コップに□《みず》を入れる。

⑥ □《おも》い出を□《かた》る。

社

シャ
やしろ

7画

ぶしゅ		ぶしゅめい	
	ネ		しめすへん

ことばとつかいかた

社《しゃ》長《ちょう》　会《かい》社《しゃ》
お社《やしろ》
▲神《じん》社《じゃ》にまいる

弱

ジャク
よわ(い)
よわ(る)
よわ(まる)
よわ(める)

10画

ぶしゅ		ぶしゅめい	
	弓		ゆみ

ことばとつかいかた

弱《じゃく》点《てん》　強《きょう》弱《じゃく》をつける
ひなが弱《よわ》る
ガスの火《ひ》を弱《よわ》める

首

シュ
くび

9画

ぶしゅ		ぶしゅめい	
	首		くび

ことばとつかいかた

▲首《しゅ》位《い》
長《なが》い首《くび》
ダイヤモンドの首《くび》かざりを見《み》る

漢字《かんじ》れんしゅうノート 16ページ

秋

シュウ
あき

9画

ぶしゅ 禾　ぶしゅめい のぎへん

ことばとつかいかた

秋分《しゅうぶん》の日《ひ》
読書《どくしょ》の秋《あき》
秋《あき》の夕《ゆう》べに虫《むし》が鳴《な》く

週

シュウ

11画

ぶしゅ 辶　ぶしゅめい しんにょう しんにゅう

ことばとつかいかた

週末《しゅうまつ》
▲一週間《いっしゅうかん》
来週《らいしゅう》のよていを立《た》てる

春

シュン
はる

9画

ぶしゅ 日　ぶしゅめい ひ

ことばとつかいかた

春分《しゅんぶん》の日《ひ》
春休《はるやす》み
春《はる》の野原《のはら》を歩《ある》く

1

つぎの——線《せん》の漢字《かんじ》に読《よ》みがなをつけなさい。

① 秋分《ぶん》の日に月見をする。

② 雨が少《すこ》し弱くなった。

③ 今週にはつゆに入りそうだ。

④ 早春に白いウメの花がさく。

⑤ お社の鳥居《とりい》が見える。

⑥ 首を長《なが》くして兄の帰りをまつ。

2

つぎの□に漢字《かんじ》を書《か》きなさい。

① 空……□《うみ》

② 春……□《あき》

③ 強い……□《よわ》い

④ うごく……□《と》まる

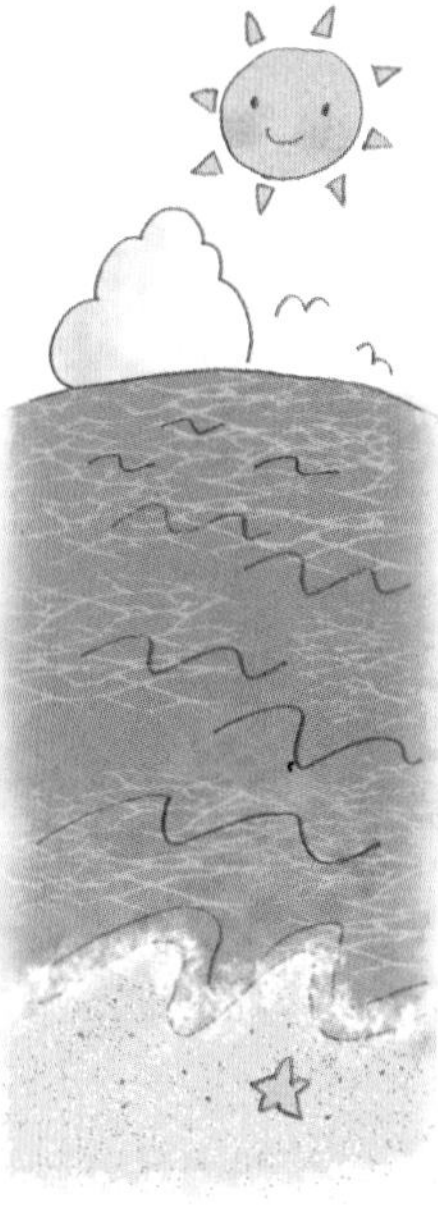

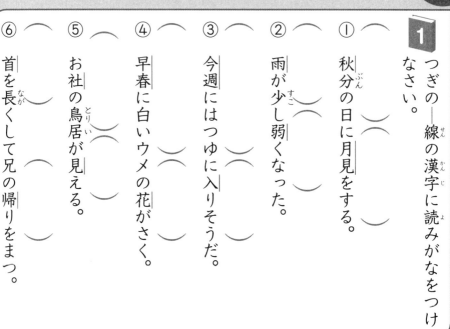

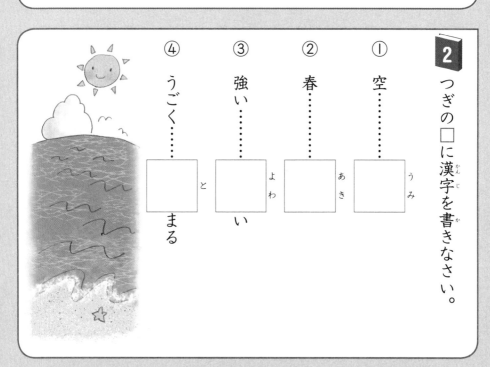

3

つぎの——線《せん》のカタカナを○の中の漢《かん》字《じ》とひらがなで書《か》きなさい。

（れい　正　タダシイ字を書《か》く。　正しい）

① 歌　大きな口をあけてウタウ。　□

② 楽　タノシイ話《はなし》を聞《き》く。　□

③ 帰　電車《でんしゃ》にのってカエル。　□

④ 弱　足こしがヨワル。　□

4

つぎの□に漢字《かんじ》を書《か》きなさい。

① 会□《しゃ》へむかう。

② 近くの□《あき》まつりに行く。

③ レースで□《しゅ》位《い》を走《はし》る。

④ □《はる》のおとずれをかんじる。

⑤ ぼくのチームは□《よわ》い。

⑥ 一□《しゅう》□《かん》のよていを考える。

書

ショ
か(く)

10画

ぶしゅ	ぶしゅめい
日	ひらび いわく

ことばとつかいかた

書店《しょてん》
教科書《きょうかしょ》
日記《にっき》を書《か》く

少

ショウ
すく(ない)
すこ(し)

4画

ぶしゅ	ぶしゅめい
小	しょう

ことばとつかいかた

少女《しょうじょ》　多少《たしょう》
少《すこ》しだけ食《た》べる
★今年《ことし》の冬《ふゆ》は雪《ゆき》が少《すく》ない

場

ジョウ
ば

12画

ぶしゅ	ぶしゅめい
土	つちへん

ことばとつかいかた

うんどう場《じょう》
場所《ばしょ》▲　広場《ひろば》
大会《たいかい》に出場《しゅつじょう》する

色

6画

ショク
シキ
いろ

ぶしゅ		ぶしゅめい	
	色		いろ

ことばとつかいかた

十二色《じゅうにしょく》のクレヨン
色《いろ》えんぴつ
黄色《きいろ》い風船《ふうせん》を買《か》う

食

9画

ショク
ジキ㊢
く(う)
く(らう)㊢
た(べる)

ぶしゅ		ぶしゅめい	
	食		しょく

ことばとつかいかた

食《しょく》▲塩《えん》　夕食《ゆうしょく》　▲断《だん》◎食《じき》
のみ食《く》い
▲面《めん》◎食《く》らう　ごはんを食《た》べる

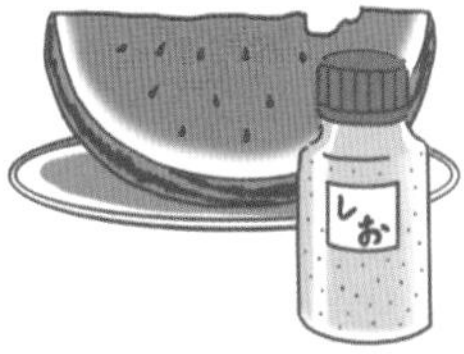

心

4画

シン
こころ

ぶしゅ		ぶしゅめい	
	心		こころ

ことばとつかいかた

火《ひ》の用心《ようじん》
やさしい心《こころ》
★明日《みょうにち》《あす》の天気《てんき》を心《しん》▲配《ぱい》する

1 つぎの―線《せん》の漢字《かんじ》に読《よ》みがなをつけなさい。

① 草むらの中心に立つ。

② 戸だなのとびらが少しあいている。

③ 色えんぴつで絵をかく。

④ 夕食までに家に　帰る。

⑤ 市のサッカー大会に出場する。

⑥ 毎《まい》日、日記を書く。

2 つぎの―線《せん》の漢字《かんじ》に読《よ》みがなをつけなさい。

①
㋐ 林で虫に食われる。
㋑ 朝《あさ》はごはんを食べる。

②
㋐ きめ細かな世《せ》話《わ》をする。
㋑ 細長《なが》いさらに、おかずをもる。

③
㋐ わたしは工作がとくいだ。
㋑ きかいが作動《どう》する。

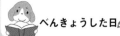

3

つぎの漢字《かんじ》の○のところは、はねるか、とめるか、正しい書き方《かた》で○の中に書きなさい。

① 市○やくしょ

② 弱○い雨

③ 火の用《よう》心○

④ 外○国の船《ふね》

⑤ 元○気な声《こえ》

4

つぎの□に漢字《かんじ》を書きなさい。

① □《しょ》店《てん》で□《ほん》を買《か》う。

② □《あき》になると山が□《いろ》づく。

③ 三□《じ》におやつを□《た》べる。

④ みんなが□《ひろ》□《ば》にあつまる。

⑤ □《じ》分《ぶん》の□《こころ》とむき合う。

⑥ げきで□《しょう》□《じょ》のやくをする。

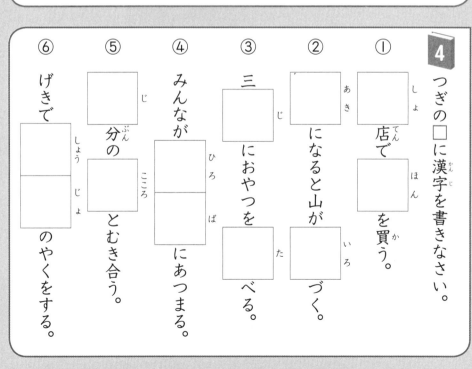

新

シン
あたら（しい）
あら（た）
にい

13画

ぶしゅ	ぶしゅめい
斤	おのづくり

ことばとつかいかた

新入生《しんにゅうせい》　▲最新《さいしん》のゲーム

新《あたら》しいくつ　新▲妻《にいづま》《しんさい》

思《おも》いを新《あら》たにする

親

シン
おや
した（しい）
した（しむ）

16画

ぶしゅ	ぶしゅめい
見	みる

ことばとつかいかた

親切《しんせつ》　▲両親《りょうしん》

親子《おやこ》　親《した》しい友《とも》だち

読書《どくしょ》に親《した》しむ

図

ズ
ト
はか（る）㊥

7画

ぶしゅ	ぶしゅめい
口	くにがまえ

ことばとつかいかた

図工《ずこう》　地図《ちず》

図書▲館《としょかん》

合図《あいず》をきめる

学力▲向上《がくりょくこうじょう》を◎図《はか》る

数

スウ
ス㊫
かず
かぞ（える）

13画

ぶしゅ：攵
ぶしゅめい：のぶん ぼくづくり

ことばとつかいかた

数《すう》字《じ》
数《かぞ》え歌《うた》
★数《す》◎寄《き》▲屋《や》▲づくり
百《ひゃく》まで数《かぞ》える

西

セイ
サイ
にし

6画

ぶしゅ：西
ぶしゅめい：にし

ことばとつかいかた

西《せい》洋《よう》▲
関《かん》▲西《さい》
夕《ゆう》日《ひ》が西《にし》にしずむ

声

セイ
ショウ㊫
こえ
こわ㊥

7画

ぶしゅ：士
ぶしゅめい：さむらい

ことばとつかいかた

声《せい》量《りょう》▲
大《だい》音《おん》声《じょう》◎
歌《うた》声《ごえ》
声《こわ》◎色《いろ》
小《こ》鳥《とり》の鳴《な》き声《ごえ》を聞《き》く

1 つぎの―線《せん》の漢字《かんじ》に読《よ》みがなをつけなさい。

① みんなに親切《せつ》にしよう。

② 声がよく聞《き》こえない。

③ 図をつかってせつ明《めい》する。

④ かごにあるリンゴを数える。

⑤ 新せんな魚をえらぶ。

⑥ 西洋《よう》のれきしをしらべる。

2 れいのように同《おな》じなかまの漢字《かんじ》を□に書きなさい。

（れい　艹……草《くさ》木・花《はな》火）

① 口……□《こ》書・□《ごう》同《どう》

② 弓……□《ひ》っこし・□《つよ》い風《かぜ》

③ 宀……□《いえ》のにわ・□《しつ》内《ない》

④ 攵……□《きょう》会・算□《すう》

⑤ 禾……□《か》目・立□《しゅう》

3 つぎの□に漢字《かんじ》を書き、上のことばとはんたいのいみのことばをむすびなさい。

① 古い　●　　●　□《おや》

② 子　●　　●　□《や》

③ 弓　●　　●　□《たに》

④ 山　●　　●　□《あたら》しい

4 つぎの□に漢字《かんじ》を書きなさい。

① □《しん》友《ゆう》の□《いえ》にとまる。

② □《なつ》休みに□《しん》かん線《せん》にのった。

③ ラジオの□□《おんせい》がわるい。

④ としの□《かず》だけまめを□《た》べる。

⑤ □□《としょ》館《かん》に行く。

⑥ えきの□《にし》にある□《し》やくしょ。

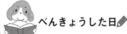

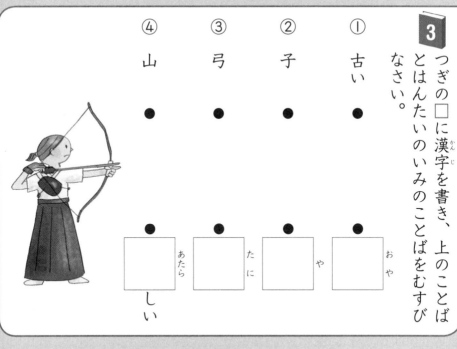

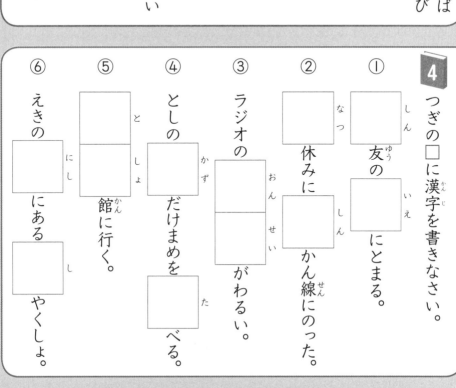

1 つぎの——線《せん》の漢字《かんじ》に読《よ》みがなをつけなさい。〈一つ2点《てん》　計50点《てん》〉

① ぼくは算数の計算がとくいだ。

② 姉のわらい声がする。

③ 図工の時間にはこを作る。

④ 先週の火曜日《かようび》に色えんぴつを買《か》った。

⑤ 新しい自てん車でぼく場に行く。

⑥ 手首にほうたいをまく。

⑦ 夕方《がた》、西に日がしずむ。

⑧ 親を大切《たいせつ》に思う心をそだてる。

⑨ 自分《ぶん》で朝《あさ》の食事《じ》をつくる。

⑩ 細くて弱いうでをきたえる。

⑪ 雨でハイキングが中止になる。

⑫ 時間が少し足りない。

100

80

50

とくてん

点

2

つぎのことばの読《よ》みがなはどのように書きますか。□の中にひらがなを一字書きなさい。〈一つ3点《てん》 計24点《てん》〉

1 金色……き①□②□ろ

2 市立……③□りつ

3 草原……そ④□げ⑤□

4 紙ぶくろ……⑥□みぶくろ

5 新年……⑦□んね⑧□

3

つぎの□に漢字《かんじ》を書きなさい。〈一つ2点《てん》 計26点《てん》〉

① まとの1□□《ちゅうしん》に2□《や》をいる。

② 3□《あき》にお4□《てら》と神《じん》5□《じゃ》に行く。

③ 6□□《いちば》の近くで魚を7□《た》べる。

④ 紙に二8□《しょく》のペンで9□《ず》をかく。

⑤ 10□□□《としょしつ》で11□《ほん》を読《よ》む。

⑥ 12□《はる》の思い出を13□□《さくぶん》にかく。

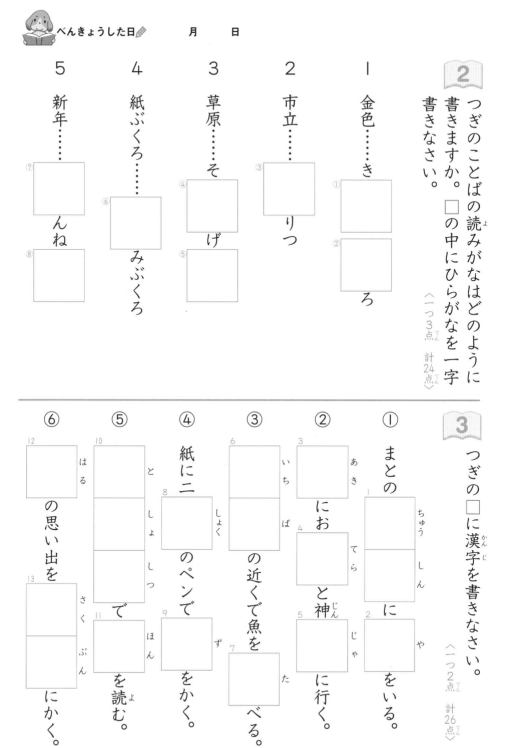

ひとやすみ

クイズであそぼ！③

◆さかなのおなかに漢字《かんじ》が書いてあります。「二」が上につくと、一つのことばになる漢字《かんじ》をえらんですすみ、ゴールをめざしましょう。

引
工
原
近
広
羽
名
黄
外
時
気
楽
回
心
ゴール

星

9画

セイ
ショウ㊥
ほし

ぶしゅ 日　ぶしゅめい ひ

ことばとつかいかた

人工《じんこう》▲衛星《えいせい》　土星《どせい》
◎明星《みょうじょう》《あかぼし》　ながれ星《ぼし》
星空《ほしぞら》を見上《みあ》げる

晴

12画

セイ
は(れる)
は(らす)

ぶしゅ 日　ぶしゅめい ひへん

ことばとつかいかた

晴天《せいてん》　▲快晴《かいせい》
見晴《みは》らし台《だい》
これは正月《しょうがつ》の晴《は》れ▲着《ぎ》だ

切

4画

セツ
サイ㊥
き(る)
き(れる)

ぶしゅ 刀　ぶしゅめい かたな

ことばとつかいかた

大切《たいせつ》　◎一切《いっさい》
切手《きって》　二《ふた》つに切《き》る
雲《くも》の切《き》れ間《ま》から月《つき》が見《み》える

雪

11画

セツ
ゆき

ぶしゅ ⻗
ぶしゅめい あめかんむり

ことばとつかいかた

▲積雪《せきせつ》
雪国《ゆきぐに》
雪《ゆき》だるまを作《つく》る

船

11画

セン
ふね
ふな

ぶしゅ 舟
ぶしゅめい ふねへん

ことばとつかいかた

船長《せんちょう》　風船《ふうせん》
船《ふな》のり
船《ふね》がみなとに入《はい》る

線

15画

セン

ぶしゅ 糸
ぶしゅめい いとへん

ことばとつかいかた

▲線路《せんろ》　電線《でんせん》
線《せん》を引《ひ》く
▲新幹線《しんかんせん》にのる

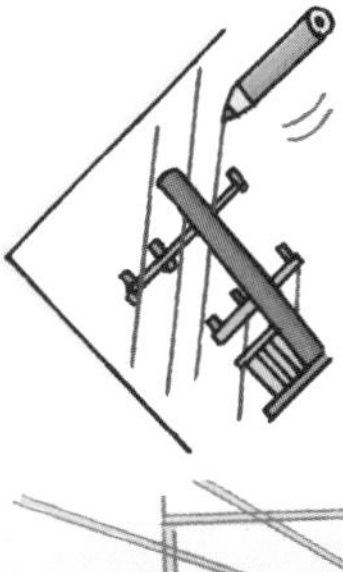

1

つぎの―線の漢字《かんじ》に読《よ》みがなをつけなさい。

① 休み時間に雪がっせんをする。

② 黄色い　風《ふう》船が空へとんで行く。

③ ほしいと思う人形が売《う》り切れる。

④ 白紙に線を引く。

⑤ 人工衛《えい》星がはっきり見える。

⑥ 今週は　晴天の日がつづいている。

2

つぎの漢字《かんじ》の○のところは、はねるか、とめるか、正しい書き方《かた》で○の中に書きなさい。

① 切りとり線

② 心くばり

③ 親子

④ 天才

⑤ ゾウの耳

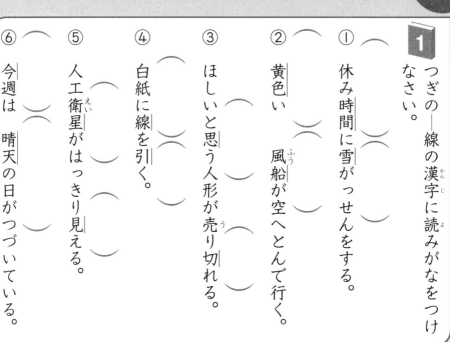

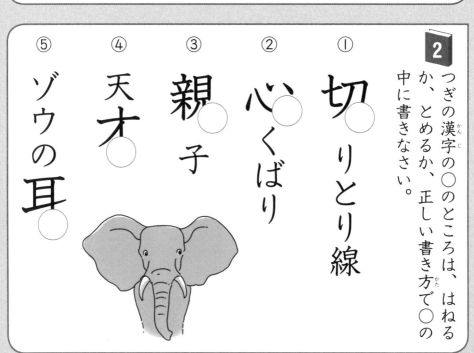

3

㋐と㋑のカードを組《く》み合わせて、漢《かん》字《じ》をつくりなさい。（カードはそれぞれ一回ずつつかいます。）

①

㋐　ヨ　青　㕣　泉

㋑　日　舟　⻗　糸

□　□　□　□

②

㋐　生　見　易　火

㋑　土　禾　亲　日

□　□　□　□

4

つぎの□に漢《かん》字《じ》を書きなさい。

① □《せん》路《ろ》がどこまでもつづく。

② 夜空《よぞら》に□《ほし》がかがやく。

③ はがきに□《きっ》□《て》をはる。

④ 朝《あさ》から□《ゆき》がふりつづく。

⑤ □《ふな》たびを楽しむ。

⑥ あしたは□《は》れるといいな。

前

ゼン
まえ

9画

ぶしゅ	ぶしゅめい
刂	りっとう

ことばとつかいかた

前《ぜん》後《ご》左《さ》右《ゆう》　午《ご》前《ぜん》中《ちゅう》

名《な》前《まえ》

前《まえ》へ▲進《すす》む

組

ソ
く(む)
くみ

11画

ぶしゅ	ぶしゅめい
糸	いとへん

ことばとつかいかた

組《そ》▲織《しき》　二《に》年《ねん》三《さん》組《くみ》

テレビ番《ばん》組《ぐみ》

うでを組《く》む

走

ソウ
はし(る)

7画

ぶしゅ	ぶしゅめい
走	はしる

ことばとつかいかた

走《そう》▲者《しゃ》

▲競《きょう》走《そう》

馬《うま》が走《はし》る

多

タ
おお(い)

6画

ぶしゅ 夕　ぶしゅめい た ゆうべ

ことばとつかいかた

多少《たしょう》

人《ひと》が多《おお》い

▲多数決《たすうけつ》をとる

太

タイ
タ
ふと(い)
ふと(る)

4画

ぶしゅ 大　ぶしゅめい だい

ことばとつかいかた

▲太陽《たいよう》

丸太《まるた》

せきとりのうでは太《ふと》い

体

タイ
テイ㊥
からだ

7画

ぶしゅ イ　ぶしゅめい にんべん

ことばとつかいかた

体力《たいりょく》　▲体育《たいいく》

▲体裁《ていさい》

◎体《からだ》をきたえる

1

つぎの―線の漢字《かんじ》に読《よ》みがなをつけなさい。

① 夏の海は多くの人でにぎわった。

② 丸太小屋《ごや》で生活してみたい。

③ 前方《ぼう》に大きな岩が見える。

④ うでを組んで立つ。

⑤ 体力ではまけない自信《しん》がある。

⑥ 公園まで力いっぱい走って行く。

2

つぎの□に漢字《かんじ》を書きなさい。

① 後ろ……□《まえ》

② 雨……□《は》れ

③ 細い……□《ふと》い

④ 兄……□《あね》

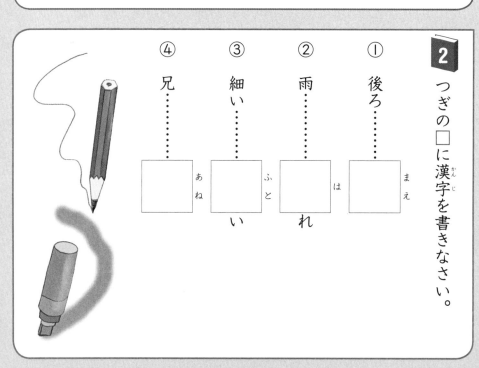

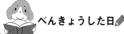

3 つぎの―線の漢字《かんじ》に読《よ》みがなをつけなさい。

①
㋐ 肉《にく》を切り分《わ》ける。（　）
㋑ ものを大切につかう。（　）

②
㋐ きれいな星空を見る。（　）
㋑ 火星が地《ち》きゅうに近づく。（　）

③
㋐ テスト用紙《ようし》に名前を書く。（　）
㋑ 午前中にそうじをおわらせる。（　）

4 つぎの□に漢字《かんじ》を書きなさい。

① つな□《ひ》きは赤□《ぐみ》がかった。

② □《たい》ようが□《にし》にしずむ。

③ リレーで□《りき》□《そう》する。

④ □《ぜん》□《ご》をよくたしかめる。

⑤ 学級会《がっきゅうかい》で□《た》□《すう》決《けつ》をとる。

⑥ □《すい》えいで□《からだ》をきたえる。

台

5画

ダイ
タイ

ぶしゅ	ぶしゅめい
口	くち

ことばとつかいかた

天文台《てんもんだい》

台風《たいふう》

すべり台《だい》であそぶ

地

6画

ジ
チ

ぶしゅ	ぶしゅめい
土	つちへん

ことばとつかいかた

地下▲鉄《ちかてつ》

地▲面《じめん》

▲遊園地《ゆうえんち》に行《い》く

池

6画

チ
いけ

ぶしゅ	ぶしゅめい
氵	さんずい

ことばとつかいかた

電池《でんち》

大《おお》きな池《いけ》

池《いけ》の魚《さかな》にえさをやる

知

チ
し(る)

8画

ぶしゅ　矢
ぶしゅめい　やへん

ことばとつかいかた

知《ち》▲識《しき》　▲未知《みち》
もの知《し》り
きけんを知《し》らせる

茶

チャ
サ ㊥

9画

ぶしゅ　艹
ぶしゅめい　くさかんむり

ことばとつかいかた

茶《ちゃ》わん　麦《むぎ》茶《ちゃ》
▲喫《きっ》◎茶《さ》
お茶《ちゃ》をいれる

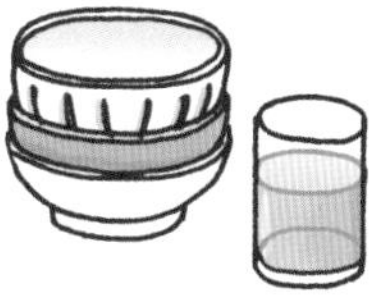

昼

チュウ
ひる

9画

ぶしゅ　日
ぶしゅめい　ひ

ことばとつかいかた

昼食《ちゅうしょく》の時間《じかん》
昼《ひる》休《やす》み
昼《ひる》ごはんを食《た》べる

1 つぎの―線の漢字《かんじ》に読《よ》みがなをつけなさい。

① 電《でん》池でうごくおもちゃを買《か》う。（　　）

② 地下室を出る。（　　）

③ 茶わんをわってしまった。（　　）

④ すべり台であそぶ。（　　）

⑤ お昼までにしゅくだいをすませる。（　　）

⑥ きけんを知らせるブザーが鳴《な》る。（　　）

2 つぎの―線の漢字《かんじ》に読《よ》みがなをつけなさい。

①
㋐ 太ようがのぼる。（　　）
㋑ 丸太ではしをつくる。（　　）

②
㋐ 台風《ふう》で木のえだがおれた。（　　）
㋑ 台にのぼってにもつをとる。（　　）

③
㋐ 地めんに水をまいた。（　　）
㋑ 地きゅうはうつくしい。（　　）

3

れいのように同《おな》じなかまの漢字《かんじ》を□に書きなさい。

（れい　艹……草《くさ》木・花《はな》火）

① 土……工□《じょう》・土□《ち》

② 言……日□《き》・□《けい》画

③ 口……□《ず》工・雪□《ぐに》

④ 艹……お□《ちゃ》・□《そう》原

⑤ 氵……□《き》船・ちょ水□《ち》

4

つぎの□に漢字《かんじ》を書きなさい。

① □《こう》□《えん》に□《いけ》がある。

② □《ひる》□《やす》みに外に出る。

③ □《だい》どころで□《さかな》をやく。

④ □《ちゃ》□《いろ》のくつをはく。

⑤ □《ち》□《ず》を□《ひろ》げる。

⑥ 父《ちち》が□《ち》□《じん》をたずねる。

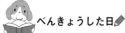

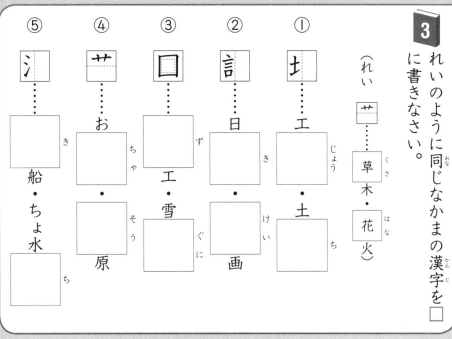

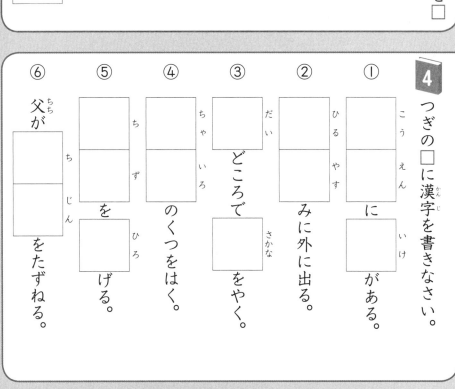

長

チョウ
なが(い)

8画

ぶしゅ	ぶしゅめい
長	ながい

ことばとつかいかた

長《ちょう》方《ほう》形《けい》　校《こう》長《ちょう》先《せん》生《せい》
長《なが》ぐつ
かみの毛《け》が長《なが》い

鳥

チョウ
とり

11画

ぶしゅ	ぶしゅめい
鳥	とり

ことばとつかいかた

白鳥《はくちょう》《しらとり》
鳥《とり》小《ご》▲屋《や》　親《おや》鳥《どり》
野《や》鳥《ちょう》をかんさつする

朝

チョウ
あさ

12画

ぶしゅ	ぶしゅめい
月	つき

ことばとつかいかた

朝《ちょう》▲刊《かん》
朝《あさ》日《ひ》
朝《あさ》ごはんを食《た》べる

直

8画

チョク
ジキ
ただ(ちに)
なお(す)
なお(る)

ぶしゅ 目　ぶしゅめい め

ことばとつかいかた

直線《ちょくせん》
正直《しょうじき》な人《ひと》
こわれたおもちゃを直《なお》す

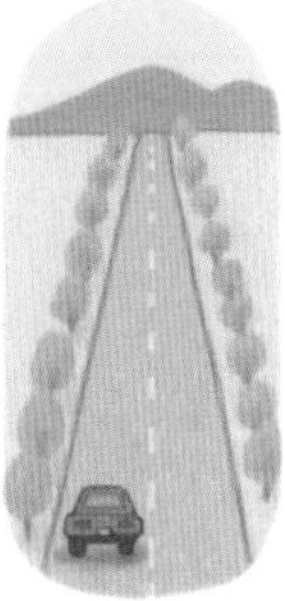

通

10画

ツウ
ツ(高)
とお(る)
とお(す)
かよ(う)

ぶしゅ 辶　ぶしゅめい しんにょう しんにゅう

ことばとつかいかた

通《つう》学《がく》▲路《ろ》
◎通夜《つや》
大通《おおどお》り
学校《がっこう》に通《かよ》う

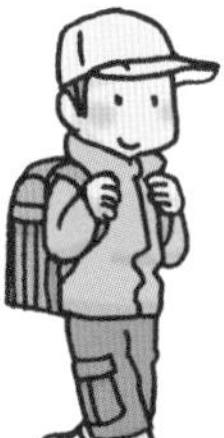

弟

7画

テイ㊥
ダイ
デ㊥
おとうと

ぶしゅ 弓　ぶしゅめい ゆみ

ことばとつかいかた

子《し》◎弟《てい》
◎兄《きょう》◎弟《だい》
◎弟《で》子《し》
弟《おとうと》は電車《でんしゃ》がすきだ

1

つぎの—線の漢字《かんじ》に読《よ》みがなをつけなさい。

①（　）直線のきょりを走（　）る。

②（　）弟となかよく　犬（　）のさんぽに行く。

③（　）校長先生が　音楽室（　）に来《き》た。

④（　）母《はは》のところに一通（　）の手紙（　）がとどく。

⑤（　）鳥かごの戸（　）をあける。

⑥（　）早朝（　）にさむくて目（　）がさめた。

2

つぎの漢字《かんじ》を書くじゅんばんは、どちらが正しいでしょう。正しい方《ほう》のきごうに○をつけなさい。

① 弟
- ㋐ 、 丷 䒑 当 弚 弟 弟
- ㋑ 、 丷 䒑 当 弔 弟 弟

② 直
- ㋐ 一 十 𠂇 冇 育 直 直
- ㋑ 丨 冂 冃 月 且 亘 直

③ 通
- ㋐ ㇇ マ 乃 甬 甬 涌 通
- ㋑ ㇇ マ 乃 甬 甬 涌 通

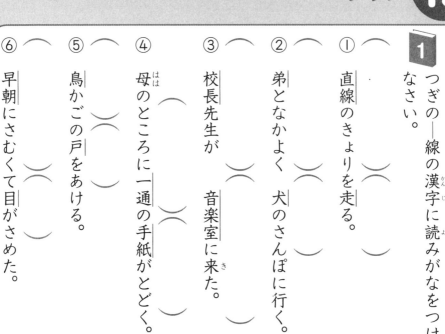

3

つぎの～線のひらがなを漢字《かんじ》で書くと、どちらが正しいですか。正しい方《ほう》のきごうに○をつけなさい。

① じてん車
- ア 白てん車
- イ 自てん車

② ご前
- ア 牛前
- イ 午前

③ すくない
- ア 少ない
- イ 小ない

4

つぎの□に漢字《かんじ》を書きなさい。

① 小□《とり》をへやでかう。

② 友《とも》だちと□《かよ》う。

③ こわれたテレビを□《なお》す。

④ □《なが》いかみの毛《け》をしばる。

⑤ □《あさ》ごはんのしたくをする。

⑥ □《おとうと》はリンゴがすきだ。

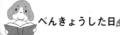

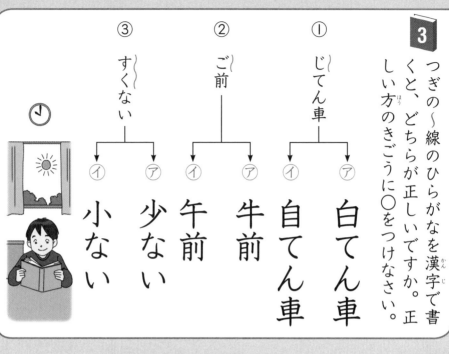

店

テン
みせ

8画

ぶしゅ	ぶしゅめい
广	まだれ

ことばとつかいかた

店員《てんいん》 ▲商店《しょうてん》

▲夜店《よみせ》

新《あたら》しい店《みせ》ができる

点

テン

9画

ぶしゅ	ぶしゅめい
灬	れんが れっか

ことばとつかいかた

点線《てんせん》

終点《しゅうてん》 百点《ひゃくてん》

▲同点《どうてん》で引《ひ》き分《わ》ける

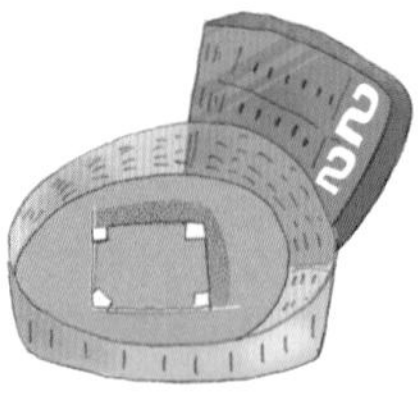

電

デン

13画

ぶしゅ	ぶしゅめい
⻗	あめかんむり

ことばとつかいかた

電車《でんしゃ》 電話《でんわ》

発電《はつでん》

▲電池《でんち》を入《い》れかえる

刀

トウ
かたな

2画

ぶしゅ	ぶしゅめい
刀	かたな

ことばとつかいかた

ちょうこく刀《とう》
木《ぼく》刀《とう》
古《ふる》い刀《かたな》を見《み》せてもらう

冬

トウ
ふゆ

5画

ぶしゅ	ぶしゅめい
冫	にすい

ことばとつかいかた

▲冬《とう》季《き》オリンピック
冬《ふゆ》休《やす》み
さむい冬《ふゆ》がやってくる

当

トウ
あ(たる)
あ(てる)

6画

ぶしゅ	ぶしゅめい
⺌	しょう

ことばとつかいかた

当《とう》番《ばん》　▲弁《べん》当《とう》
大《おお》当《あ》たり
まとにボールを当《あ》てる

1 つぎの—線の漢字《かんじ》に読《よ》みがなをつけなさい。

① なみが海べの岩に当たる。（　）（　）

② 点線にそって紙を切りとる。（　）（　）（　）

③ 冬休みの計画を立てる。（　）（　）（　）

④ ちょうこく刀で木をほる。（　）（　）

⑤ 十時にえき前の店がひらく。（　）（　）（　）

⑥ 電車にのって買《か》いものに行く。（　）（　）

2 れいのように同《おな》じなかまの漢字《かんじ》を□に書きなさい。

（れい　艹……草《くさ》木・花《はな》火）

① 广……書□《てん》・□《ひろ》場

② 亻……□《たい》力・工□《さく》

③ 日……□《じ》間・□《せい》天

④ ⻗……□《ゆき》だるま・□《でん》気

⑤ 糸……光□《せん》・番《ばん》□《ぐみ》

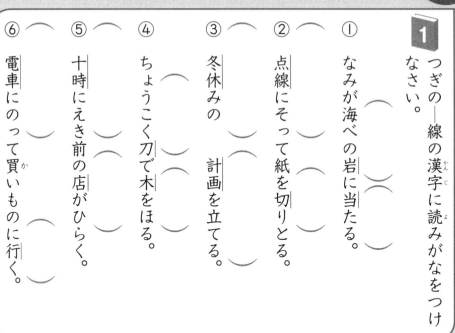

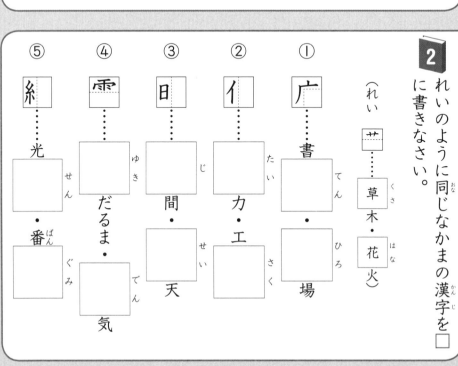

3 つぎの漢字《かんじ》の太いところは何番《なんばん》めに書きますか。○の中に数字を書きなさい。

① 店 ○

② 点 ○

③ 電 ○

④ 冬 ○

⑤ 当 ○

4 つぎの□に漢字《かんじ》を書きなさい。

① □《ふる》い□《かたな》がかざってある。

② えきの売《ばい》□《てん》でお□《ちゃ》を買《か》う。

③ □《こく》板《ばん》けしの□《とう》番《ばん》になる。

④ □《ふゆ》の□《あいだ》、マフラーをする。

⑤ テストで□《ひゃく》□《てん》をとる。

⑥ □《おや》に□《でん》話《わ》をする。

1 つぎの―線の漢字《かんじ》に読《よ》みがなをつけなさい。〈一つ2点　計44点〉

① えき前で知り合いに会った。

② 算数のテストの見直しをした。

③ 一台の車が家の前を通る。

④ 店で　電池を二つ買《か》う。

⑤ 船のもけいを組み立てる。

⑥ お昼にお茶をのむ。

⑦ 今週はそうじ当番《ばん》だ。

⑧ 交通ルールをまもることはとても大切だ。

⑨ むかしの刀について図書館《かん》でしらべる。

⑩ 市場で多くの魚を売《う》っていた。

⑪ 兄とラジオ体そうをした。

100

80

50

とくてん
点

2

㋐と㋑のカードを組み合わせて、漢字《かんじ》をつくりなさい。(カードはそれぞれ一回ずつつかいます。)

〈一つ2点　計16点〉

①
㋐　本　且　占　口
□　□　□　□
㋑　糸　广　矢　亻

②
㋐　也　月　ヨ　口
□　□　□　□
㋑　車　雨　厶　土

3

つぎの□に漢字《かんじ》を書きなさい。

〈一つ2点　計20点〉

① キリンの1□《くび》はとても2□《なが》い。

② 家の中心に3□《ふと》いはしらが立っている。

③ 4□《おとうと》が百メートル5□《そう》に出場する。

④ 6□《いけ》で7□《とり》が羽を休める。

⑤ 8□□《てんせん》にそって紙をおる。

⑥ 9□□《ちゅうしょく》を10□《でん》話《わ》で注文《ちゅうもん》する。

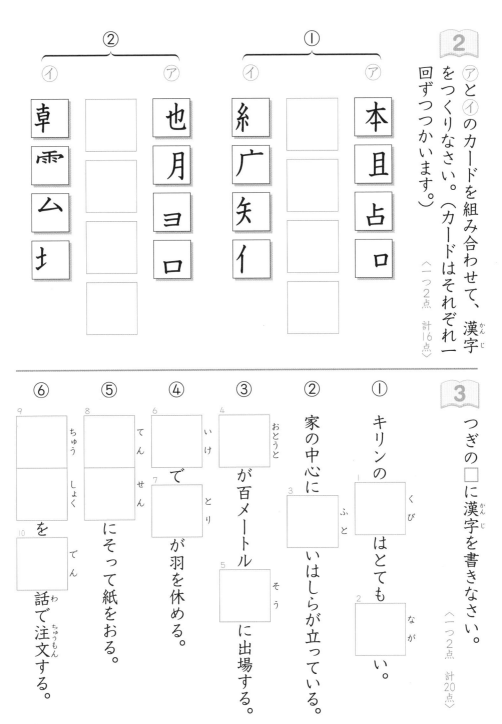

4

つぎの漢字《かんじ》の太いところは何番《なんばん》めに書きますか。○の中に数字を書きなさい。

〈一つ2点　計10点〉

① 長　○

② 昼　○

③ 星　○

④ 切　○

⑤ 春　○

5

つぎの□に漢字《かんじ》を書きなさい。

〈一つ1点　計10点〉

① 月…□《ほし》

② 雨…□《ゆき》

③ 心…□《からだ》

④ 夏…□《ふゆ》

⑤ 天…□《ち》

⑥ 夕…□《あさ》

⑦ 兄…□《おとうと》

⑧ くもり…□《は》れ

⑨ つなぐ…□《き》る

⑩ 少ない…□《おお》い

ひとやすみ クイズであそぼ！ 4

◆漢字《かんじ》がバラバラになってしまいました。組み合わせて、正しい漢字にしてください。

？く

①

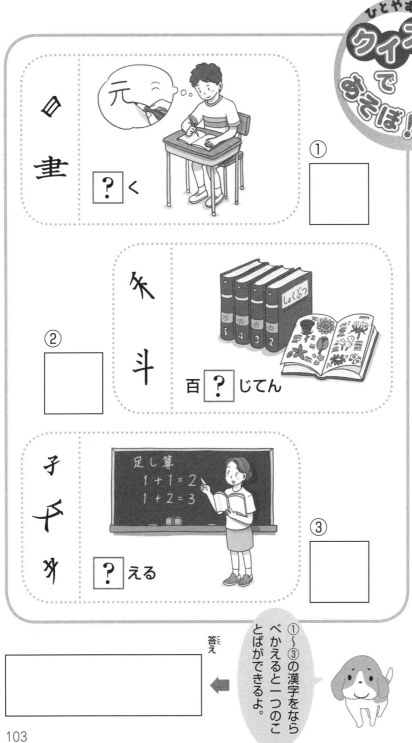

百？じてん

②

？える

③

①〜③の漢字をならべかえると一つのことばができるよ。

答《こた》え

東

トウ
ひがし

8画

ぶしゅ	ぶしゅめい
木	き

ことばとつかいかた

東京《とうきょう》
東《ひがし》の空《そら》
東《ひがし》の方《ほう》へ歩《ある》いて行《い》く

答

トウ
こた（える）
こた（え）

12画

ぶしゅ	ぶしゅめい
⺮	たけかんむり

ことばとつかいかた

▲答《とう》案《あん》用《よう》紙《し》
▲返《へん》答《とう》
しつもんに答《こた》える

頭

トウ
ズ
ト㊒
あたま
かしら㊥

16画

ぶしゅ	ぶしゅめい
頁	おおがい

ことばとつかいかた

頭《ず》上《じょう》　◎音《おん》頭《ど》
頭《あたま》がいたい　◎頭《かしら》文《も》字《じ》
マラソンで先《せん》頭《とう》を走《はし》る

同

6画

ドウ
おな(じ)

ぶしゅ	ぶしゅめい
口	くち

ことばとつかいかた

同数《どうすう》
同時《どうじ》
同《おな》じ色《いろ》のくつを買《か》う

道

12画

ドウ
トウ㊢
みち

ぶしゅ	ぶしゅめい
⻌	しんにょう しんにゅう

ことばとつかいかた

道《どう》▲具《ぐ》　水道《すいどう》
▲神《しん》◎道《とう》　▲坂道《さかみち》
山《やま》の中《なか》で道《みち》にまよう

読

14画

ドク
トク
トウ
よ(む)

ぶしゅ	ぶしゅめい
言	ごんべん

ことばとつかいかた

読書《どくしょ》　音読《おんどく》
▲句読点《くとうてん》
絵《え》本《ほん》をかりて読《よ》む

1

つぎの――線の漢字《かんじ》に読みがなをつけなさい。

① かぜをひいて頭がいたい。

② 妹《いもうと》にむかし話《ばなし》を読んであげる。

③ 父《ちち》が東京へ出かける。

④ もんだいに答える。

⑤ じゅくでも同じクラスになる。

⑥ デパートまでの道をたずねる。

2

れいのように同じなかまの漢字《かんじ》を□に書きなさい。

（れい　艹……草《くさ》木・花《はな》火）

① 糸……□《かみ》しばい・□《こま》かい

② 頁……□《ず》上・□《かお》色

③ 竹……□《さん》数・回□《とう》

④ 言……国□《ご》・本□《よ》み

⑤ 辶……大□《どお》り・国□《どう》

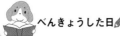

3 つぎの□に漢字《かんじ》を書きなさい。

① 姉……□《あに》

② 雲……□《ゆき》

③ 足……□《あたま》

④ 冬……□《なつ》

⑤ 点……□《せん》

⑥ 東……□《にし》

4 つぎの□に漢字《かんじ》を書きなさい。

① 風見《かざみ》どりが□《ひがし》をむく。

② 二人が□□《どうじ》に話《はな》す。

③ □《とう》案用《あんよう》□《し》を出す。

④ 先□《とう》で□《はし》りぬける。

⑤ □□《すいどう》の□《みず》をのむ。

⑥ ねる□《まえ》に□□《どくしょ》をする。

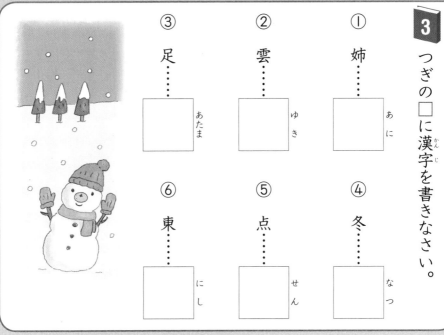

内

ナイ
ダイ㊥
うち

4画

ぶしゅ	ぶしゅめい
入	いる

ことばとつかいかた

国内《こくない》
◎内裏《だいり》びな
内《うち》がわ
▲内《うち》と外《そと》
店内《てんない》を歩《ある》き回《まわ》る

南

ナン
ナ㊫
みなみ

9画

ぶしゅ	ぶしゅめい
十	じゅう

ことばとつかいかた

南国《なんごく》
▲南極《なんきょく》
南《みなみ》がわのまどをあける

肉

ニク

6画

ぶしゅ	ぶしゅめい
肉	にく

ことばとつかいかた

肉体《にくたい》
牛肉《ぎゅうにく》
市場《いちば》で肉《にく》を買《か》う

馬

バ
うま
ま

10画

ぶしゅ	ぶしゅめい
馬	うま

ことばとつかいかた

馬車《ばしゃ》　▲乗馬《じょうば》

竹馬《たけうま》　絵馬《えま》

馬《うま》の絵《え》をかく

売

バイ
う(る)
う(れる)

7画

ぶしゅ	ぶしゅめい
士	さむらい

ことばとつかいかた

売店《ばいてん》　▲商売《しょうばい》

売《う》り場《ば》

おいしいパンを売《う》る

買

バイ
か(う)

12画

ぶしゅ	ぶしゅめい
貝	かい こがい

ことばとつかいかた

売買《ばいばい》

買《か》いもの

マフラーを買《か》う

1 つぎの―線の漢字《かんじ》に読みがなをつけなさい。

① 絵画を高いねだんで売買する。

② 車内でおべんとうを食べる。

③ 神社《じんじゃ》で絵馬にねがいごとを書く。

④ 南の空にながれ星がながれる。

⑤ 食品《しょくひん》売り場は地下です。

⑥ 市場《いちば》で肉をたくさん買う。

2 つぎの漢字《かんじ》の○のところは、はねるか、とめるか、正しい書き方《かた》で○の中に書きなさい。

① 肉○をやく

② 親○ゆび

③ 赤い電○車

④ さびた刀○

⑤ わたり鳥○

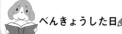

3

つぎの□に漢字《かんじ》を書き、上のことばとはんたいのいみのことばをむすびなさい。

① 内　●　　●　□《あ》たる

② はずれる　●　　●　□《そと》

③ 売る　●　　●　□《か》う

④ せまい　●　　●　□《ひろ》い

4

つぎの□に漢字《かんじ》を書きなさい。

① ばんごはんは、やき□《にく》だ。

② にもつを□《うま》ではこぶ。

③ 手作りのパンを□《う》っている。

④ □《なん》極《きょく》をたんけんする。

⑤ □《うち》がわからかぎをかける。

⑥ スーパーで□《か》いものをする。

麦

バク㊥
むぎ

7画

ぶしゅ		ぶしゅめい	
ぶしゅ	麦	ぶしゅめい	むぎ

ことばとつかいかた

◎麦《ばく》▲芽《が》　麦茶《むぎちゃ》

麦《むぎ》わらぼうし

米《こめ》に麦《むぎ》をまぜて食《た》べる

半

ハン
なか(ば)

5画

ぶしゅ		ぶしゅめい	
ぶしゅ	十	ぶしゅめい	じゅう

ことばとつかいかた

半《はん》ズボン

半分《はんぶん》

▲試合《しあい》半《なか》ばに雨《あめ》がふる

番

バン

12画

ぶしゅ		ぶしゅめい	
ぶしゅ	田	ぶしゅめい	た

ことばとつかいかた

番組《ばんぐみ》

一番星《いちばんぼし》

日曜日《にちようび》は弟《おとうと》とるす番《ばん》だ

父

フ
ちち

4画

ぶしゅ		ぶしゅめい	
	父		ちち

ことばとつかいかた

父母《ふぼ》　父《ちち》の日《ひ》

お父《とう》★さん

教会《きょうかい》で神《しん》▲父《ぷ》の話《はなし》を聞《き》く

風

フウ
フ㊂
かぜ
かざ

9画

ぶしゅ		ぶしゅめい	
	風		かぜ

ことばとつかいかた

風船《ふうせん》　台風《たいふう》

風《ふ》◎情《ぜい》▲

気《き》もちのよい風《かぜ》がふく

分

ブン
ブ
フン
わ(ける)
わ(かれる)
わ(かる)
わ(かつ)

4画

ぶしゅ		ぶしゅめい	
	刀		かたな

ことばとつかいかた

気分《きぶん》　二《ふた》つに分《わ》ける

分《わ》かれ道《みち》

自分《じぶん》の顔《かお》の絵《え》をかく

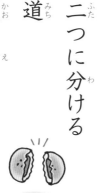

1

つぎの―線の漢字《かんじ》に読みがなをつけなさい。

① 今日は　父の日だ。（　）（　）（　）

② 昼すぎには台風が近づく。（　）（　）（　）

③ 先週の　半ばに音楽会があった。（　）（　）（　）

④ 南の方《ほう》に一番高い山が見える。（　）（　）（　）

⑤ 分かれ道で、右にすすむ。（　）（　）（　）

⑥ パンは小麦粉《こ》から作られる。（　）（　）（　）

2

つぎの―線のカタカナを○の中の漢《かん》字《じ》とひらがなで書きなさい。

（れい　㊣　タダシイ字を書く。　正しい）

① 新　アタラシイくつをはく。［　　］

② 直　こわれたおもちゃをナオス。［　　］

③ 晴　空がすっきりとハレル。［　　］

④ 分　弟とおやつをなかよくワケル。［　　］

3

□にひらがなを一字書いて、つぎのことばの読みをこたえなさい。

（れい　左右……さ[ゆ]う）

① 白鳥……□く□ょう

② 前半……□んは□

③ 今年……□□し

④ 三分……□んぷ□

⑤ 町内……ちょ□□い

4

つぎの□に漢字《かんじ》を書きなさい。

① □《むぎ》ばたけが□《ひろ》がっている。

② 引っこして□《はん》□《とし》になる。

③ お□《みせ》まで五□《ふん》かかる。

④ お□《とう》さんは□《で》かけている。

⑤ □《ばん》□《けん》がはげしくほえる。

⑥ □《かざ》□《かみ》に立つ。

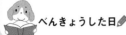

聞

ブン
モン㊢
き(く)
き(こえる)

14画

ぶしゅ		ぶしゅめい
	耳	みみ

ことばとつかいかた

新《しん》聞《ぶん》　前《ぜん》代《だい》▲未《み》▲聞《もん》◎
人《ひと》の話《はなし》を聞《き》く
なみの音《おと》が聞《き》こえる

米

ベイ
マイ
こめ

6画

ぶしゅ		ぶしゅめい
	米	こめ

ことばとつかいかた

米《べい》作《さく》
新《しん》米《まい》
秋《あき》にとれた米《こめ》をおくる

歩

ホ
ブ㊥
フ㊢
ある(く)
あゆ(む)

8画

ぶしゅ		ぶしゅめい
	止	とめる

ことばとつかいかた

歩《ほ》道《どう》
一《いっ》歩《ぽ》すすむ　歩《ぶ》◎合《あい》
池《いけ》のまわりを歩《ある》く

母

ボ
はは

5画

ぶしゅ 母
ぶしゅめい なかれ

ことばとつかいかた

母《ぼ》校《こう》　母《はは》の日《ひ》

★お母《かあ》さん

母《はは》と買《か》いものに行《い》く

方

ホウ
かた

4画

ぶしゅ 方
ぶしゅめい ほう

ことばとつかいかた

方《ほう》角《がく》　正《せい》方《ほう》形《けい》

夕《ゆう》方《がた》

先《せん》生《せい》の書《か》き方《かた》をまねる

北

ホク
きた

5画

ぶしゅ 匕
ぶしゅめい ひ

ことばとつかいかた

北《ほっ》海《かい》道《どう》

北《きた》風《かぜ》

風《ふう》船《せん》が北《きた》の方《ほう》へとんでいく

1

つぎの――線の漢字《かんじ》に読みがなをつけなさい。

① ラジオほうそうを聞く。（　　）

② 妹《いもうと》とおうだん歩道をわたる。（　　）

③ お母さんにカーネーションをおくる。（　　）

④ この方向《こう》に行くとグラウンドがある。（　　）

⑤ ひこうきが北にむかってとぶ。（　　）

⑥ 米つぶがほおについている。（　　）

2

つぎの漢字《かんじ》の○のところは、はねるか、とめるか、正しい書き方で○の中に書きなさい。

① つめたい風○

② みどり色○

③ かわいい弟○

④ 北○がわ

⑤ 校内○

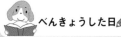

3 つぎの□に漢字《かんじ》を書きなさい。

① 鳥……□《うま》

② 麦……□《こめ》

③ 父……□《はは》

④ 書く……□《よ》む

⑤ 魚……□《にく》

⑥ 走る……□《ある》く

4 つぎの□に漢字《かんじ》を書きなさい。

① □《つよ》い□《きた》□《かぜ》がふく。

② □《はく》□《まい》を食べる。

③ □《うみ》ぞいを□《ある》く。

④ □《はは》と□《か》いものをする。

⑤ □《しん》□《ぶん》を□《よ》む。

⑥ □《ゆう》□《がた》から□《あめ》がふる。

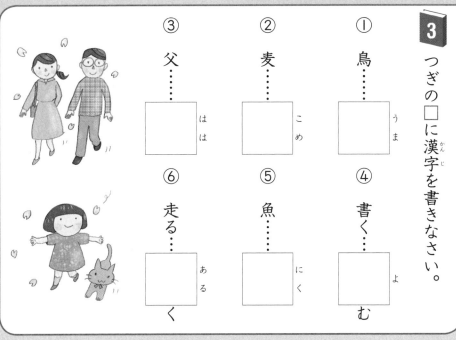

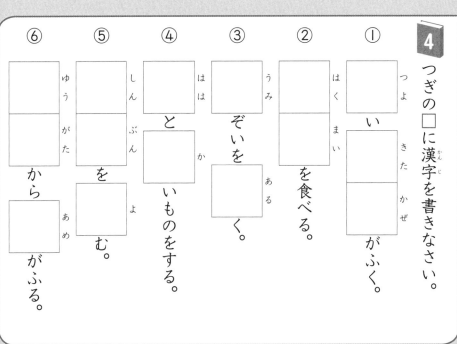

毎

マイ

6画

ぶしゅ	ぶしゅめい
毋	なかれ

ことばとつかいかた

毎日《まいにち》

毎朝《まいあさ》八時《はちじ》におきる

毎月《まいつき》かべ新聞《しんぶん》を作《つく》る

妹

マイ㊥
いもうと

8画

ぶしゅ	ぶしゅめい
女	おんなへん

ことばとつかいかた

◎姉《し》◎妹《まい》

妹思《いもうとおも》い

ぼくには妹《いもうと》と弟《おとうと》がいる

万

マン
バン㊥

3画

ぶしゅ	ぶしゅめい
一	いち

ことばとつかいかた

万《まん》年《ねん》▲筆《ひつ》

◎万《ばん》▲全《ぜん》

広場《ひろば》に五万人《ごまんにん》があつまる

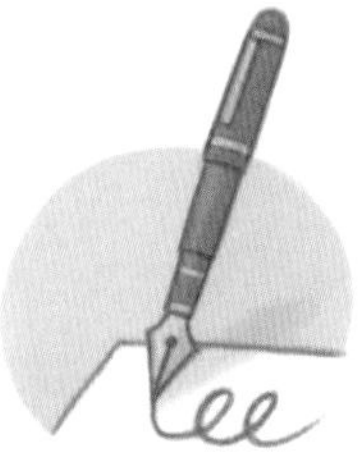

明

8画

メイ・ミョウ
あ(かり)
あか(るい)
あか(るむ)
あか(らむ)
あき(らか)
あ(ける)・あ(く)
あ(くる)・あ(かす)

ぶしゅ	日	ぶしゅめい	ひへん

ことばとつかいかた

▲発明《はつめい》

明《あか》るい空《そら》　夜明《よあ》け

★明日《みょうにち》《あす》は遠足《えんそく》です

鳴

14画

メイ
な(く)
な(る)
な(らす)

ぶしゅ	鳥	ぶしゅめい	とり

ことばとつかいかた

▲悲鳴《ひめい》

鳥《とり》の鳴《な》き声《ごえ》

サイレンを鳴《な》らす

毛

4画

モウ
け

ぶしゅ	毛	ぶしゅめい	け

ことばとつかいかた

毛《もう》▲布《ふ》　毛糸《けいと》

かみの毛《け》

▲庭《にわ》で毛虫《けむし》を見《み》つける

1 つぎの―線の漢字《かんじ》に読みがなをつけなさい。

① 遠くでサイレンが鳴っている。

② 毎朝、ジョギングで海まで行く。

③ 東の空が　明るくなる。

④ わたしの妹はなき虫だ。

⑤ 広場に　三万人があつまった。

⑥ 母が毛糸をつかって人形を作る。

2 つぎの漢字《かんじ》の○のところは、はねるか、とめるか、正しい書き方で○の中に書きなさい。

① 毎○年

② つかい方○

③ 南○の風

④ 毛○虫

⑤ 母○の日

3 つぎの□に漢字《かんじ》を書きなさい。

① 弟……□《いもうと》

② 千……□《まん》

③ みじかい……□《なが》い

④ くらい……□《あか》るい

4 つぎの□に漢字《かんじ》を書きなさい。

① □《もう》布《ふ》をかけてねる。

② □《まい》ばん、おそくまでおきている。

③ ぼくにはかわいい□《いもうと》がいる。

④ おどろいて悲《ひ》□《めい》を上げる。

⑤ 億《おく》□《まん》長者《ちょうじゃ》になる。

⑥ 理由《りゆう》をせつ□《めい》する。

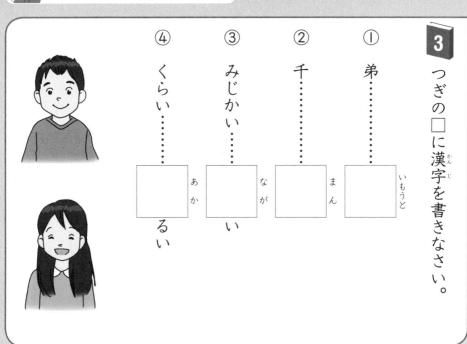

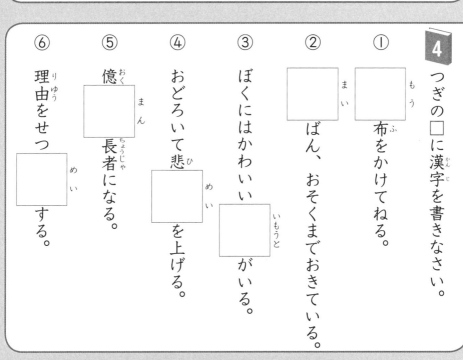

門

8画

モン
かど㊥

ぶしゅ 門
ぶしゅめい もん

ことばとつかいかた

校門《こうもん》　正門《せいもん》

◎門松《かどまつ》

門《もん》の前《まえ》でまち合《あ》わせる

夜

8画

ヤ
よ
よる

ぶしゅ 夕
ぶしゅめい た　ゆうべ

ことばとつかいかた

夜景《やけい》

夜空《よぞら》

父《ちち》は夜《よる》おそく帰《かえ》ってくる

野

11画

ヤ
の

ぶしゅ 里
ぶしゅめい さとへん

ことばとつかいかた

野鳥《やちょう》

野原《のはら》

はたけで野菜《やさい》をそだてる

友

ユウ
とも

4画

ぶしゅ	ぶしゅめい
又	また

ことばとつかいかた

友情《ゆうじょう》
▲親友《しんゆう》
友《とも》だちとけんかをする

用

ヨウ
もち(いる)

5画

ぶしゅ	ぶしゅめい
用	もちいる

ことばとつかいかた

用意《ようい》
▲画用紙《がようし》
ペンを用《もち》いて字《じ》を書《か》く

曜

ヨウ

18画

ぶしゅ	ぶしゅめい
日	ひへん

ことばとつかいかた

一週間《いっしゅうかん》の曜日《ようび》
日曜日《にちようび》
月曜日《げつようび》にテストがある

1

つぎの―線の漢字《かんじ》に読みがなをつけなさい。

① すききらいせずに野さいを食べる。

② 友情《じょう》を　大切にする。

③ おり紙を　用意《い》する。

④ 学校の正門から入る。

⑤ 夜空に　星がたくさん出ている。

⑥ 今日は　日曜日だ。

2

つぎの漢字《かんじ》の書くじゅんばんは、どちらが正しいでしょう。正しい方のきごうに○をつけなさい。

① 風　㋐　㋑

② 父　㋐　㋑

③ 羽　㋐　㋑

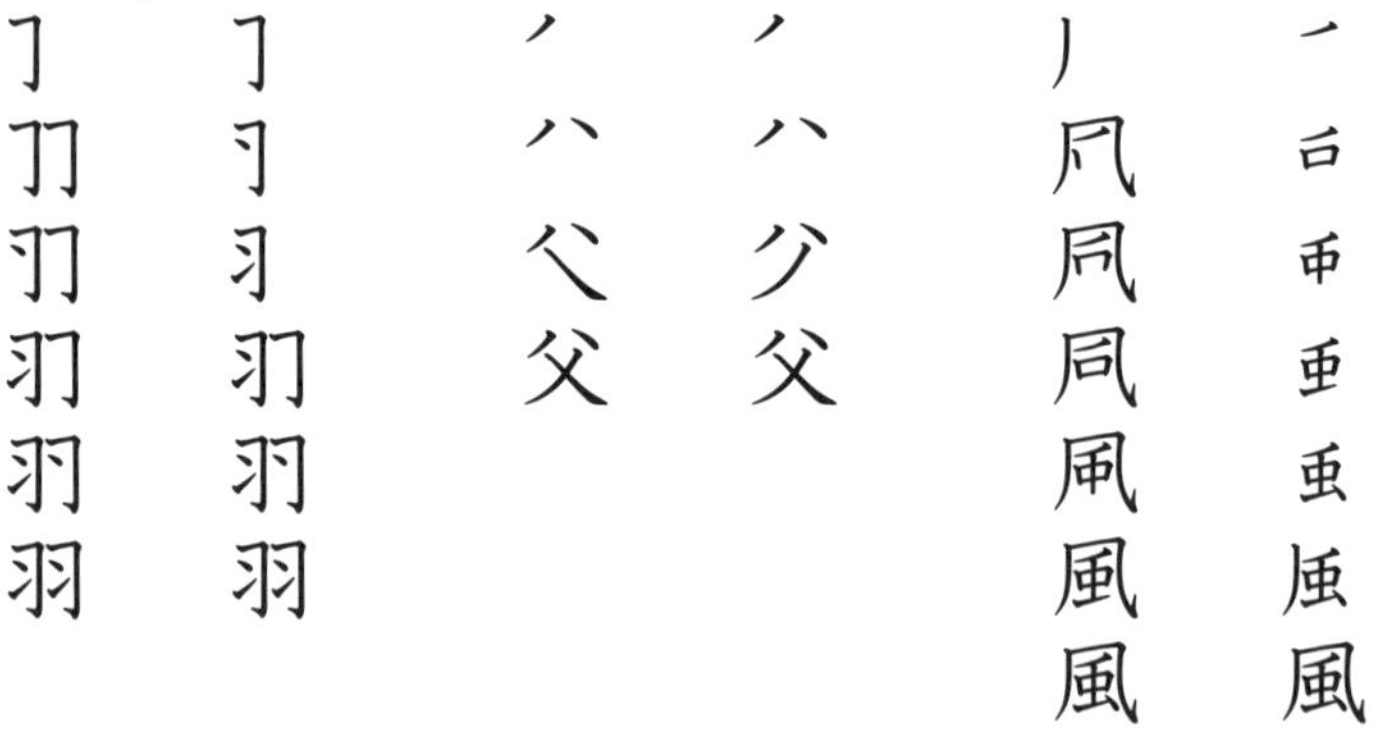

3 れいのように同じなかまの漢字《かんじ》を□に書きなさい。

（れい　艹……草《くさ》木・花《はな》火）

① 广……売□《てん》・□《ひろ》い

② ⻗……□《でん》池・雨□《ぐも》

③ 辶……交□《つう》・□《みち》草

④ 日……□《よう》日・発《はっ》□《めい》

⑤ 女……お□《ねえ》さん・□《いもうと》思い

4 つぎの□に漢字《かんじ》を書きなさい。

① □《すい》□《よう》□《び》は雨だった。

② かれとは□《とも》だちだ。

③ □《こう》庭《てい》で□《や》きゅうをする。

④ □《はは》と□《もん》の□《まえ》で会う。

⑤ □《よる》おそくに□《ゆき》がふる。

⑥ □《どう》具《ぐ》を□《もち》いる。

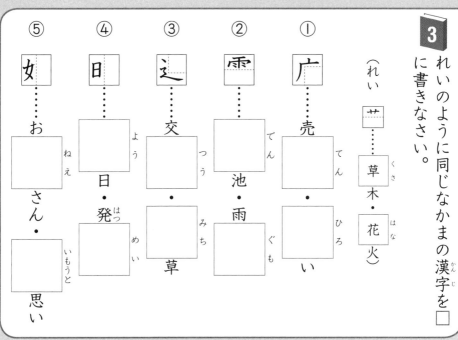

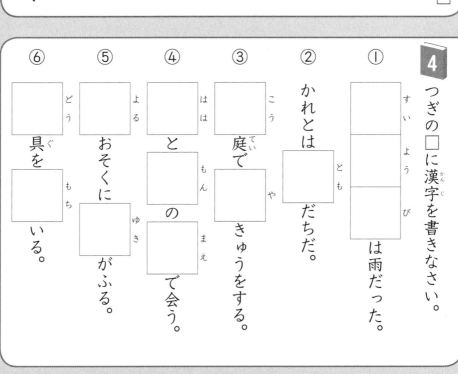

来

ライ
く(る)
きた(る)㊥
きた(す)㊥

7画

ぶしゅ	ぶしゅめい
木	き

ことばとつかいかた

▲未《み》来《らい》　春《はる》が来《く》る
◎来《きた》るべき大会《たいかい》
いとこがあそびに来《く》る

里

リ
さと

7画

ぶしゅ	ぶしゅめい
里	さと

ことばとつかいかた

千《せん》里《り》▲眼《がん》
里《さと》帰《がえ》り
母《はは》のふる里《さと》は遠《とお》い

理

リ

11画

ぶしゅ	ぶしゅめい
王	おうへん たまへん

ことばとつかいかた

理《り》▲由《ゆう》
▲料《りょう》理《り》
たんすの中《なか》を▲整《せい》理《り》する

話

13画

ワ
はな(す)
はなし

ぶしゅ	ぶしゅめい
言	ごんべん

ことばとつかいかた

会話《かいわ》

むかし話《ばなし》

楽《たの》しかったことを話《はな》す

◆「日」のつく漢字《かんじ》をあつめよう!

「日」のつく漢字《かんじ》は天気や時などにかんけいしたいみをもっているようだね。

1

つぎの—線の漢《かん》字《じ》に読みがなをつけなさい。

① 姉が人魚ひめの話を読んでくれた。

② 来年の春に小学生になる。

③ 母がおじいさんの世《せ》話をする。

④ いとこが冬休みにあそびに来る。

⑤ 里に　春がおとずれる。

⑥ 古いバイオリンを修《しゅう》理する。

2

㋐と㋑のカードを組み合わせて、漢《かん》字《じ》をつくりなさい。（カードはそれぞれ一回ずつつかいます。）

①
- ㋐ 耳　貝　匕　刀
- ㋑ 八　丬　門　罒

②
- ㋐ 舌　予　里　鳥
- ㋑ 王　口　言　里

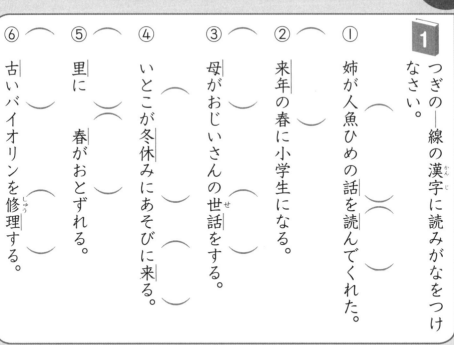

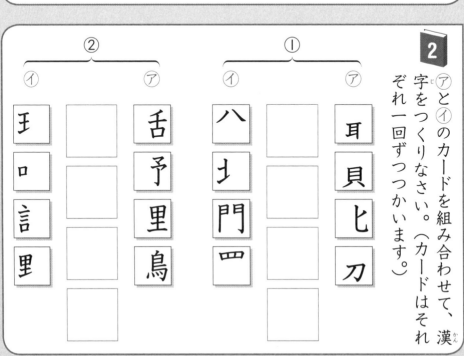

3 同じ読み方をしても、ちがう漢字《かんじ》があります。□に書きなさい。

①
㋐ 今□《や》は月がきれいだ。
㋑ □《や》生どうぶつをほごする。

②
㋐ 学校は町の中□《しん》にある。
㋑ □《しん》年をむかえる。

③
㋐ 画□《よう》紙に自分の顔をかく。
㋑ 月□《よう》日はじゅくに行く。

4 つぎの□に漢字《かんじ》を書きなさい。

① たまごをつかって料《りょう》□《り》を作る。

② □《らい》客《きゃく》をもてなす。

③ ボランティアの□《はなし》をする。

④ □《さと》いもはおいしい。

⑤ そうこを整《せい》□《り》する。

⑥ 家の前を行ったり□《き》たりする。

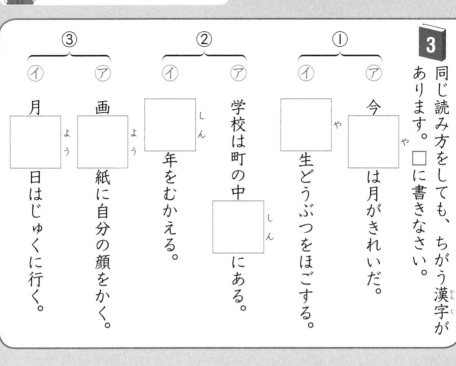

1 つぎの――線の漢字《かんじ》に読みがなをつけなさい。〈一つ2点 計38点〉

① かみなりが鳴ったので雨戸をしめた。

② 道ばたでともだちと話をする。

③ もんだいを読んで答える。

④ 門の外に出て母と 父をむかえる。

⑤ 東の空が 明るくなってきた。

⑥ 夜、テレビで野きゅうを見る。

⑦
ア 会場に多くの来場者《しゃ》があった。
イ 遠くから、おまつりを見にやって来る。

⑧
ア 同じ長さのリボン。
イ 同点のまましあいがおわる。

⑨
ア くしでかみの毛をとかす。
イ ベランダに毛布《ふ》をほす。

100

80

50

とくてん
点

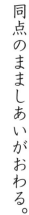

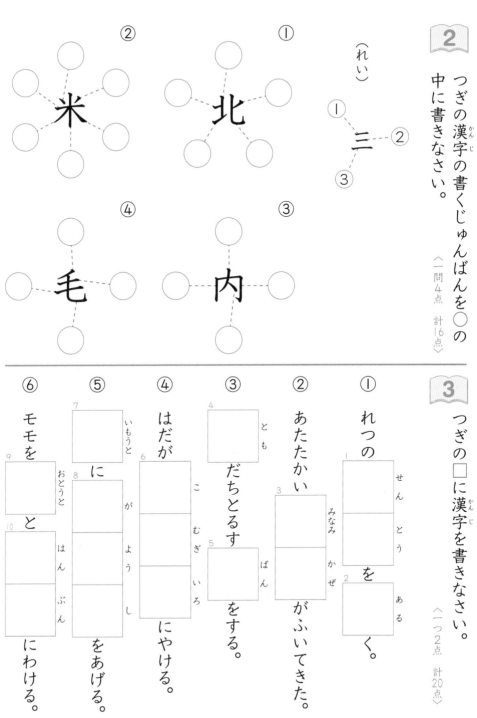

2 つぎの漢字《かんじ》の書くじゅんばんを○の中に書きなさい。

〈一問4点　計16点〉

（れい）三　①　②　③

① 北　○　○　○　○　○

② 米　○　○　○　○　○　○

③ 内　○　○　○　○

④ 毛　○　○　○　○

3 つぎの□に漢字《かんじ》を書きなさい。

〈一つ2点　計20点〉

① れつの 1□□《せんとう》 を 2□《ある》 く。

② あたたかい 3□□《みなみかぜ》 がふいてきた。

③ 4□《とも》 だちとるす 5□《ばん》 をする。

④ はだが 6□□□《こむぎいろ》 にやける。

⑤ 7□《いもうと》 に 8□□□《がようし》 をあげる。

⑥ モモを 9□《おとうと》 と 10□□《はんぶん》 にわける。

4

つぎの〜線のひらがなを漢字《かんじ》で書くと、どちらが正しいですか。正しい方《ほう》のきごうに○をつけなさい。

〈一つ2点　計6点〉

① 夕がた
- ㋐ 夕方
- ㋑ 夕万

② ふるさと
- ㋐ ふる理
- ㋑ ふる里

③ 新ぶん
- ㋐ 新聞
- ㋑ 新間

5

れいのように同じなかまの漢字《かんじ》を□に書きなさい。

〈一つ2点　計20点〉

（れい　艹 …… 草《くさ》木・花《はな》火）

① 氵 …… 1 □《き》車・電 2 □《ち》

② 言 …… 会 3 □《わ》・4 □《どく》書

③ 辶 …… 交 5 □《つう》・さか 6 □《みち》

④ 日 …… 夜 7 □《あ》け・木 8 □《よう》日

⑤ 广 …… 9 □《ひろ》場・10 □《みせ》先

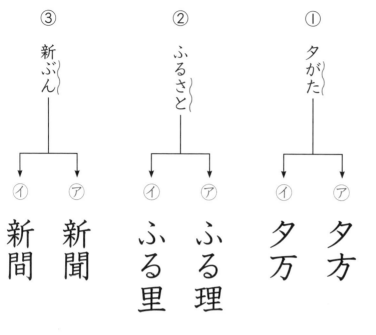

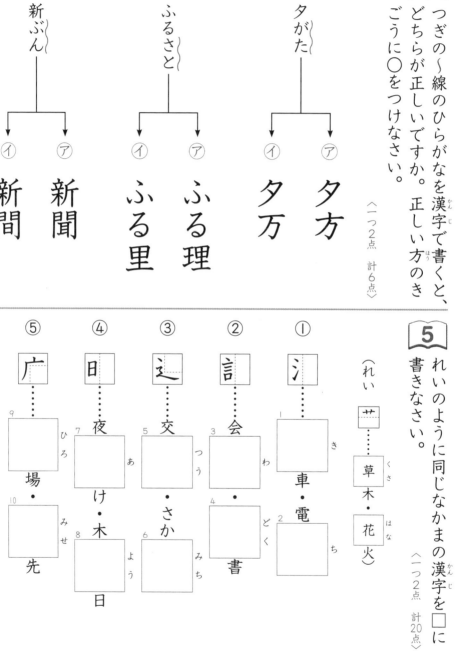

ひとやすみ

クイズであそぼ！5

◆スタートから、「母」のように、五回で書く漢字《かんじ》だけをぬりつぶしてすすみ、ゴールをめざしましょう。

ちゅうい！

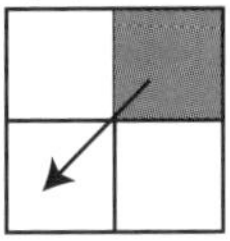

ななめにはすすめないよ。

ものしり

「冬」はきせつをあらわす漢字《かんじ》。ほかに「春・夏・秋」があるよ。

スタート

父	弟	才	公	母
光	寺	冬	広	矢
食		市		牛
台	外	北	茶	回
用		馬	妹	弓
兄	姉	会	家	

ゴール

ものしり

「牛」は牛の顔からつくられた漢字《かんじ》だよ。

ものしり

「家」の「宀」は、やねをあらわしているんだよ。

書く回数をしっかり数えよう！

1

つぎの文をよんで、—せんの漢《かん》字のよみがなを—せんの右にかきなさい。

1×22(22) 点

1 ①新しいどうぶつ②園ができたので③姉と二人で行ってみた。

2 ④強い北の⑤風がふき、木にとまっている⑥鳥の⑦親子もさむそうだ。

3 よく⑧晴れた日に⑨原っぱで⑩思いっきりあそんだ。

4 ⑪二頭の⑫子馬が出てくる⑬絵本を⑭読む。

5 ⑮一台のバスがえき⑯前の⑰広い⑱道を⑲走っている。

6 ⑳弟は、なまえをよばれると大きな㉑声でへんじをして、㉒元気よく立ち上がった。

2

つぎの漢《かん》字のふといところはなんばんめにかきますか。◯の中にすう字をかきなさい。

1×10(10) 点

刀	船	用	遠	場
1 ◯	2 ◯	3 ◯	4 ◯	5 ◯

古	弱	社	妹	半
6 ◯	7 ◯	8 ◯	9 ◯	10 ◯

3

□にひらがなを一字かいて、つぎのことばのよみをこたえなさい。

1×8(8) 点

（れい　左右……さ[ゆ]う）

1　今日……①□よう

2　谷川……た②□が③□

3　赤組……④□かぐ⑤□

4　弓矢……ゆ⑥□や

5　白米……は⑦□ま⑧□

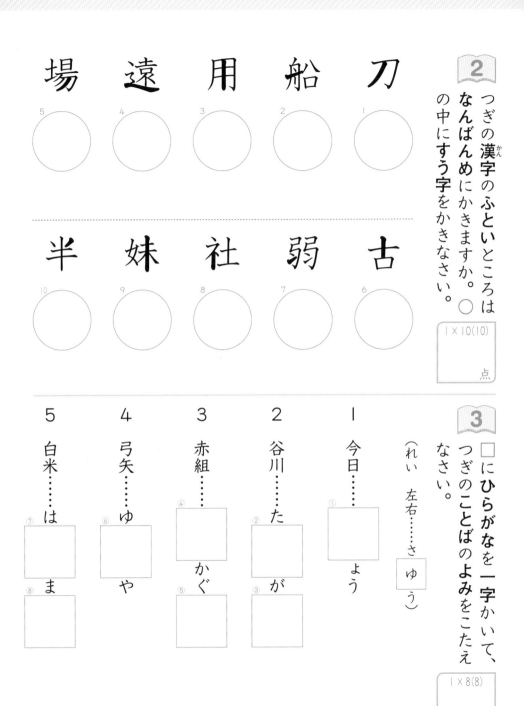

4

つぎの漢字《かん》の○のところは、**はねるか、とめるか、**れいのように正しいかきかたで○の中にかきなさい。

（れい　字○→字　下○→下）

1×4(4)　点

1　寺の門○

2　日記○ちょう

3　同○じ形

4　高○いビル

5

つぎの文をよんで、―せんの漢字《かん》の**よみがな**を―せんの**右**にかきなさい。

1×10(10)　点

新しい学校が来年[1]にはできる。

おじいちゃんが家にやって来[2]る。

うでを直角[3]にまげる。

文字のまちがいを正しく直[4]す。

旅行《りょこう》の計画[5]を立てる。

家からえきまでの時間を計[6]る。

交番[7]におとしものをとどける。

大人の中に子どもが交[8]じる。

電話[9]のベルがなった。

学校であったことを話[10]す。

6

つぎの～せんの**ひらがな**を**漢**《かん》**字**でかくと、どちらが正しいですか。正しいほうの**ばんごう**に○をつけなさい。

1×6(6) 点

1 たいいく　① 体いく　② 休いく

2 きょう科書　① 教科書　② 数科書

3 こう作　① 土作　② 工作

4 一まん円　① 一方円　② 一万円

5 ためいけ　① ため池　② ため地

6 かい話　① 合話　② 会話

7

れいのように**おなじなかまの漢**《かん》**字**を□の中にかきなさい。

（れい　木……□《むら》人・山□《りん》）

（村・林）

2×10(20) 点

1 口……①□《こく》語・②□《ず》かん

2 辶……来③□《しゅう》・④□《つう》学

3 ⺮……かけ⑤□《ざん》・⑥□《こた》え

4 ⻗……大⑦□《ゆき》・黒い⑧□《くも》

5 氵……⑨□《うみ》べ・⑩□《かつ》やく

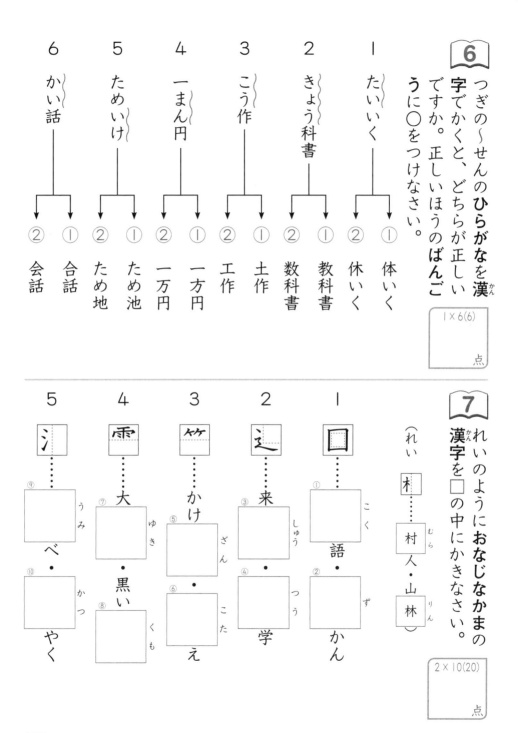

8

つぎの□の中に漢《かん》字をかきなさい。

2×10(20)

点

北……1 □《みなみ》

外……2 □《うち》

貝……3 □《さかな》

昼……4 □《よる》

石……5 □《いわ》

まど……6 □《と》

多い……7 □《すく》ない

買う……8 □《う》る

太い……9 □《ほそ》い

見る……10 □《き》く

9

つぎの文をよんで、□の中に漢《かん》字をかきなさい。

2×25(50)

点

1 ①□《ちち》は、②□《まい》③□《あさ》いちばんにおきる。

2 火④□《よう》日の⑤□《ご》⑥□《ご》は、出かけるよていだ。

3 ⑦□《あき》に、草むらでコオロギが⑧□《な》く。

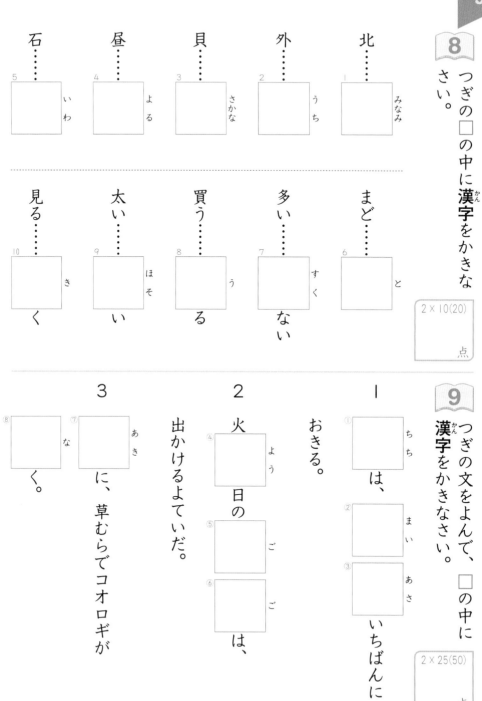

4　⑨□《じ》⑩□《ぶん》の⑪□《かんが》えをはっきり⑫□《い》う。

5　⑬□《にく》と⑭□《や》さいをバランスよく⑮□《た》べる。

6　空に、⑯□《あか》るく⑰□《ひか》る⑱□《ほし》が出ている。

7　のどがかわいたので、⑲□《むぎ》⑳□《ちゃ》をのんだ。

8　㉑□《いろ》㉒□《がみ》をはさみで丸く㉓□《き》る。

9　㉔□《とも》だちと川ぞいの道をさん㉕□《ぽ》した。

ごうけい(150)

点

漢字《かんじ》いちらんひょう

小学1年生と2年生でならう漢字を五十音じゅん（アイウエオじゅん）にならべました。

小学1年生でならう漢字

イ 一 ウ 右 雨 エ 円 オ 王 音

カ 下 火 花 貝 学 キ 気

九 休 玉 金 ク 空 ケ 月

犬 見 コ 五 口 校 サ 左

三 山 シ 子 四 糸 字

耳 七 車 手 十 出

小学2年生でならう漢字

イ 引 ウ 羽 雲 エ 園 遠 カ 何 科 夏 家 歌 画 回

会 海 絵 外 角 楽 活 間 丸 岩 顔 キ 汽

記 帰 弓 牛 魚 京 強 教 近 ケ 兄 形 計

元 言 原 コ 戸 古 午 後 語 工 公 広 交

光 考 行 高 黄 合 谷 国 黒 今 サ 才 細

作 算 シ 止 市 矢 姉 思 紙 寺 自 時 室

女小上森人水㋜
正㋝生青夕石赤
千川先早㋞草足
村大㋟男竹㋠中虫
町天㋢田土㋣二㋥日
入年㋧白㋩八百㋪文㋫
木㋭本名㋱目㋲立㋷力
林六㋺

社弱首秋週春書少場色食心
新親図㋜数西㋝声星晴切雪船線
前組㋞走多㋟太体台地㋠池知茶昼
長鳥朝直通㋡弟㋢店点電刀㋣冬当
東答頭同道読内㋤南肉㋥馬㋩売買
麦半番父㋫風分聞米㋬歩㋭母方北
毎㋮妹万明㋱鳴毛㋲門夜㋳野友㋴用㋵曜
来㋶里㋷理話㋻

漢検 9級 漢字学習ステップ 改訂二版

2023年10月25日 第1版第4刷 発行
編　者　公益財団法人 日本漢字能力検定協会
発行者　山崎　信夫
印刷所　三松堂株式会社
製本所　株式会社 渋谷文泉閣

発行所　公益財団法人 日本漢字能力検定協会
〒605-0074 京都市東山区祇園町南側551番地
☎(075) 757 - 8600
ホームページ https://www.kanken.or.jp/

Printed in Japan
ISBN978-4-89096-409-3 C0081

公益財団法人 日本漢字能力検定協会

改訂二版

漢検 漢字学習
ステップ

答え

別《べっ》冊《さつ》

9級

「答え」は、
別冊になっています。
とりはずしてつかって
ください。

名まえ

※「答え」をとじているはり金でけがをしないよう、
気をつけてください。

漢検 公益財団法人 日本漢字能力検定協会

700409 (1-4)

ステップ 1

P.10

1
①ひ
②えん
③あまぐも
④はね
⑤とお
⑥なに

2
① **3**
② **12**
③ **13**
④ **6**
⑤ **3**

P.11

3
①㋐うん ㋑くも
②㋐いん ㋑ひ
③㋐えん ㋑とお

4
①夕・雲
②遠足
③引力
④園
⑤犬・何
⑥白・羽

ステップアップメモ

1 ④「羽」には、鳥《とり》などを数《かぞ》えるときにつかう、「は」という読《よ》みもあります。「は」は、一羽《いちわ》・三羽《さんば》・十《じっ》羽《ぱ》などと、上につく漢字《かんじ》によって「わ」・「ば」・「ぱ」と読《よ》み方《かた》がかわります。

ステップ 2

P.14

1
①こ・うた
②いえ・ひと
③なつ・にん
④が
⑤かがく・め
⑥もり・まわ

2
①㋑
②㋐
③㋑

P.15

3
①㋐園 ㋑遠
②㋐家 ㋑科
③㋐歌 ㋑家

4
①科
②画
③歌
④回
⑤家
⑥夏

ステップアップメモ

1 ②「家」は、「いえ」と読《よ》むほかに「カ」（作家《さっか》）、「ケ」（家来《けらい》）、「や」（大家《おおや》さん）とも読《よ》みます。

3 ②③「か」と読《よ》む漢字《かんじ》は、「下・火・花」などたくさんあるので、きちんとおぼえましょう。

ステップ3

P.18

1

①はず
②かいすい
③かいが
④つの
⑤たの
⑥あ

2

①㋐かど
㋑かく
②㋐かい
㋑うみ
③㋐がく
㋑らく
④㋐がい
㋑はず

P.19

3

①と・ま
②そ
③う・ひ
④す・し
⑤ん・が

4

①絵本
②会
③音楽
④三角
⑤青・海
⑥外・空気

ステップ4

P.22

1

①うみ・せいかつ
②き
③かわ・まるき
④あいだ・いえ
⑤はや・かお
⑥おお・いわ

2

①遠・雲・何・引
②活・岩・間・顔
※四つの順番《じゅんばん》はちがっていても正《せい》解《かい》。

P.23

3

①㋐あ
㋑かい
②㋐ま
㋑かん
③㋐かお
㋑がん

4

①丸
②岩
③顔
④活
⑤汽車
⑥間

ステップアップメモ

1 ②「汽《き》てき」は、船《ふね》や機関車《きかんしゃ》が鳴《な》らすふえです。
2 ①「遠」は、13画《かく》で書《か》く漢字《かんじ》です。
3 ②「間」には、「カン・ま」のほかにも、「ケン・あいだ」という読《よ》みもあります。

ステップ 5

≪ P.26

1

①ゆみ
②かえ
③き
④こうし
⑤きょう
⑥きんぎょ

2

① 汽
② 外
③ 角
④ 羽
⑤ 京

≪ P.27

3

① 9
② 1
③ 9
④ 11
⑤ 1

4

① 絵日記
② 弓・引
③ 上京
④ 帰
⑤ 魚
⑥ 牛

力だめし 1

≪ P.28

1

①うみ・き・え
②とお・あいだ・くも
③おんがく・たの・うた
④なつやす・か・が
⑤もり・まる・かお
⑥きんぎょ・にっき

⑦㋐つの ㋑かく
⑧㋐がい ㋑そと
⑨㋐らく ㋑たの
⑩㋐まわ ㋑かい
⑪㋐ま ㋑かん
⑫㋐ぎゅう ㋑うし

ステップアップメモ

1

④「家」には、「いえ・すまい」といういみがあります。ほかには、「専門《せんもん》にする人」といういみがあり、「画家《がか》」「作家《さっか》」「音楽家《おんがくか》」のようにつかいます。

⑦「角」には、「つの・カク」のほかに、「かど」という読《よ》みもあります。

力だめし 1

≪ P.29

2

①雲・楽・岩・記

②間・顔・科・会

※四つの順番《じゅんばん》はちがっていても正《せい》解《かい》。

3

① 1 羽

2 何

② 3 弓

4 引

③ 5 海外

6 生活

④ 7 京

8 夏

⑤ 9 園

10 家

11 帰

⑥ 12 遠足

13 汽車

ステップアップメモ

2

①「楽」の書《か》く順番《じゅんばん》に気《き》をつけましょう。

3

⑥「汽車《きしゃ》」の「汽」は、「気」と形《かたち》がにているのでちゅういしましょう。

ひとやすみ クイズであそぼ！①

≪ P.30・31

かん太《た》くんのしゃしん

ステップ6

P.34

1

①あに
②きょう
③つよ
④きん
⑤にんぎょう
⑥けいかく

2

①㋑
②㋐
③㋑

P.35

3

①休・何
②園・回
③強・引
④近・遠
⑤記・計

4

①近・園
②三角形
③家・強
④先生・教
⑤兄・魚
⑥学校・計

ステップアップメモ

1 ⑤「形」には、「ギョウ」のほかに、「ケイ・かた・かたち」という読《よ》みもあります。

3 ③9級で学習《がくしゅう》する「弓（ゆみへん）」の漢字《かんじ》は、「強」と「引」の二字です。

④「辶」は、「丶→⻌→辶」の順番《じゅんばん》に3画《かく》で書《か》きます。

ステップ7

P.38

1

①そと・げんき
②えん・しょうご
③はら・はな
④にい・い
⑤え・と
⑥ふる・こう

2

①強・記・形・近
②古・元・京・原
※四つの順番《じゅんばん》はちがっていても正《せい》解《かい》。

P.39

3

①㋐ふる ㋑こ
②㋐かい ㋑あ
③㋐ぎょう ㋑けい

4

①草原
②午・出
③火・元
④一戸・家
⑤古
⑥言・学

ステップアップメモ

1 ②「正午《しょうご》」は、「昼《ひる》の十二時《じ》」といういみです。

3 ②「会《あ》う」と同《おな》じ読《よ》みの漢字《かんじ》には、「合《あ》う」もあります。「会《あ》う」は「人と顔をあわせること」、「合《あ》う」は「いっしょになる」といういみです。

ステップ8

P.42

1

①あに・うし
②せんせい・かた
③こうりつ・にゅうがく
④だいく・と
⑤こう・がく
⑥くも・ひろ

2

①㋐ご ㋑こう
②㋐ご ㋑かた
③㋐こう ㋑ひろ

P.43

3

①回る
②丸い
③交わる
④教える

4

①後・天気
②広・牛
③工・土
④公・男
⑤語・間
⑥交・右

ステップ9

P.46

1

①たか
②あ
③かんが
④き
⑤ぎょう
⑥ひか

2

① 光
② 考
③ 汽
④ 記
⑤ 丸

P.47

3

①高
②遠
③帰
④引

4

①海外・行
②車・高
③考・見
④月・光
⑤人・合計
⑥黄金

ステップ 10

P.50

1

①こんげつ・やす
②くに・おそ
③くろ・くも
④はな・たにま
⑤ほそ・たけ
⑥おんがく・さい

2

①㋐
②㋑
③㋑

P.51

3

①海・活
②元・兄
③計・語
④会・今
⑤絵・細

4

①国
②今
③細
④谷
⑤黒
⑥才

ステップアップメモ

1

⑤「ほそい」は「細（い）」、「こまかい」は「細（かい）」。ひらがなの部分《ぶぶん》にちゅういしましょう。

⑥「才」には、「生まれつきもっている力」といういみがあります。ほかには、「すぐれた力がある人」といういみがあり、「天才《てんさい》」のようにつかいます。

力だめし 2

P.52

1

①だいく・ほそ
②ごご・こうえん
③つよ・ひかり
④き・はら
⑤くろ・げんき
⑥ふる・ひろ・こう
⑦㋐ぎょう ㋑けい
⑧㋐たか ㋑こう
⑨㋐おし ㋑きょう
⑩㋐と ㋑こ
⑪㋐こと ㋑い

P.53

2

①兄
②強
③原
④何
⑤元

ステップアップメモ

1

⑤「黒」は、11画《かく》で書《か》く漢字《かんじ》です。書《か》く順番《じゅんばん》に気《き》をつけましょう。

⑩「一戸《いっこ》」は、「一けんの家《いえ》」や「一つの家《か》ぞく」といういみです。「戸」を「こ」と読《よ》むことにちゅういしましょう。

力だめし 2

≪ P.53

3

① 1 近　2 交　3 行
② 4 午　5 戸
③ 6 天才　7 光
④ 8 谷　9 細
⑤ 10 楽　11 計
⑥ 12 今　13 国語

ステップアップメモ

3

②「午前《ごぜん》」（「前」はステップ17で学習《がくしゅう》します）は、「午後《ごご》」といっしょにおぼえておきましょう。

④⑥「谷」「今」は形《かたち》がにているのでちゅういしましょう。

≪ P.54

4

① あらい — 細かい
② 遠い — 近い
③ 白 — 黒
④ 帰る — 行く
⑤ むかし — 今

5

① 光る
② 広げる
③ 考える
④ 後ろ

ひとやすみ クイズであそぼ！②

≪ P.55

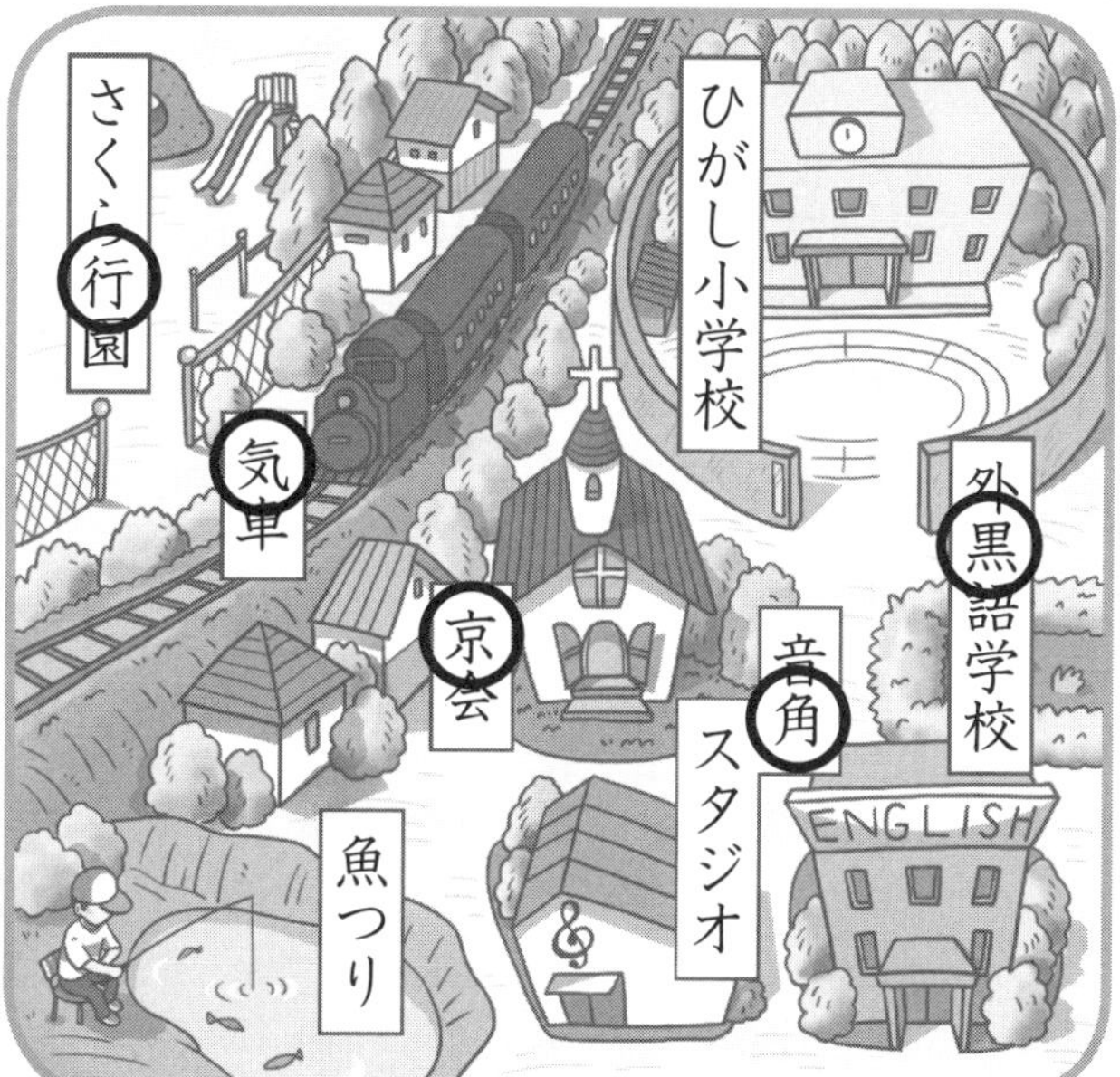

ステップアップメモ

4

①「細《こま》かい」は、「一つひとつのものが小さいようす」「小さなことまで気をつかうようす」といういみです。「細《ほそ》い」は、「はばがせまいようす」といういみで、はんたいのいみのことばは「太《ふと》い」です。

ステップ 11

P.58

1

①かね・けいさん
②た・つく
③あめ・ちゅうし
④ゆみ・や
⑤し・がっこう
⑥ねえ・きょう

2

① 5
② 3
③ 3
④ 14
⑤ 3

P.59

3

①公・国・交・今
②作・細・姉・市
※四つの順番《じゅんばん》はちがっていても正《せい》解《かい》。

4

①兄・算
②市・魚
③遠・矢
④作文
⑤赤・止
⑥姉・夏

ステップアップメモ

1 ⑥「お姉さん」は「おねえさん」と読《よ》みます。「おねいさん」ではないのでちゅういしましょう。

2 ②「止」は、「丨→⺊→止→止」の順番《じゅんばん》に書《か》きます。

③「姉」の「女（おんなへん）」は、「く→女→女」の順番《じゅんばん》に書《か》きます。

ステップ 12

P.62

1

①じ
②し
③てら
④しつ
⑤ごじ
⑥かみ

2

① 時
② 元
③ 作
④ 思
⑤ 寺

P.63

3

①ア 公　イ 交
②ア 自　イ 時
③ア 紙　イ 市

4

①教室
②自・力
③寺
④時・金
⑤紙・水
⑥思・語

ステップアップメモ

1 ②「思案《しあん》」は、「あれこれ考《かんが》えること」「心配《しんぱい》」といういみ。

4 ②「自《みずか》ら」は、「自分《じぶん》」「自分《じぶん》から」といういみ。「自《みずか》らへやのそうじをする。」などとつかいます。

ステップ 13

« P.66

1

①しゅう・つきみ
②あめ・よわ
③こんしゅう・はい
④そうしゅん・はな
⑤やしろ・み
⑥くび・かえ

2

①海
②秋
③弱
④止

« P.67

3

①歌う
②楽しい
③帰る
④弱る

4

①社
②秋
③首
④春
⑤弱
⑥週間

ステップアップメモ

2 ②「春《はる》」・「夏《なつ》」・「秋《あき》」・「冬《ふゆ》」（「冬《ふゆ》」はステップ20で学《がく》習《しゅう》します）は、いっしょにおぼえておきましょう。

4 ③「首位《しゅい》」は、「第一位《だいいちい》、一番《いちばん》」といういみ。

ステップ 14

« P.70

1

①くさ・ちゅうしん
②と・すこ
③いろ・え
④ゆうしょく・かえ
⑤し・しゅつじょう
⑥にち・か

2

①㋐く ㋑た
②㋐こま ㋑ほそ
③㋐さく ㋑さ

« P.71

3

①市
②弱
③心
④外
⑤元

4

①書・本
②秋・色
③時・食
④広場
⑤自・心
⑥少女

ステップ 15

≪ P.74

1

①しん
②こえ
③ず
④かぞ
⑤しん
⑥せい

2

①古・合
②引・強
③家・室
④教・数
⑤科・秋

≪ P.75

3

①古い — 新しい
②子 — 親
③弓 — 矢
④山 — 谷

4

①親・家
②夏・新
③音声
④数・食
⑤図書
⑥西・市

ステップアップメモ

1 ⑥「西洋《せいよう》」は、「ヨーロッパやアメリカの国々《くにぐに》」のこと。「東洋《とうよう》」は、「日本《にっぽん》・中国《ちゅうごく》・インドなど、アジアの東《ひがし》や南《みなみ》の方《ほう》にある国々《くにぐに》」のこと。

3 ②「親《おや》」は、16画《かく》で書《か》く漢字《かんじ》です。書《か》く順番《じゅんばん》に気《き》をつけましょう。

力だめし 3

≪ P.76

1

①さんすう・けいさん
②あね・ごえ
③ずこう・じかん・つく
④せんしゅう・いろ
⑤あたら・じ・じょう
⑥てくび
⑦ゆう・にし
⑧おや・おも・こころ
⑨じ・しょく
⑩ほそ・よわ
⑪ちゅうし
⑫すこ・た

ステップアップメモ

1 ①「算」には、「かぞえる」といういみがあり、「算《さん》数《すう》」のほかに「算」のつくことばには、「計算《けいさん》・足《た》し算《ざん》・引《ひ》き算《ざん》・暗算《あんざん》」などがあります。

⑨「食」には、「ショク・く（う）・た（べる）」の読《よ》みがあります。小学校ではならいませんが、「ジキ・く（らう）」という読《よ》みもあります。

⑩「弱」は、10画《かく》で書《か》く漢字《かんじ》。「弓」の部分《ぶぶん》を3画《かく》で書《か》きます。

⑫「少」は、はねるところ、とめるところにちゅういして書《か》きましょう。

力だめし3

≪ P.77

2

1 ①ん ②い
2 ③し
3 ④う ⑤ん
4 ⑥か
5 ⑦し ⑧ん

3

① 1 中心
2 矢
② 3 秋
4 寺
5 社
③ 6 市場
7 食
④ 8 色
9 図
⑤ 10 図書室
11 本
⑥ 12 春
13 作文

ステップアップ メモ

2 3「草原」は「そうげん」と読《よ》みます。「そおげん」ではないのでちゅういしましょう。

3 ④⑤「図」には、「ズ・ト」の読《よ》みがあります。小学校ではならいませんが、「はか（る）」という読《よ》みもあります。

ひとやすみ クイズであそぼ！③

≪ P.78・79

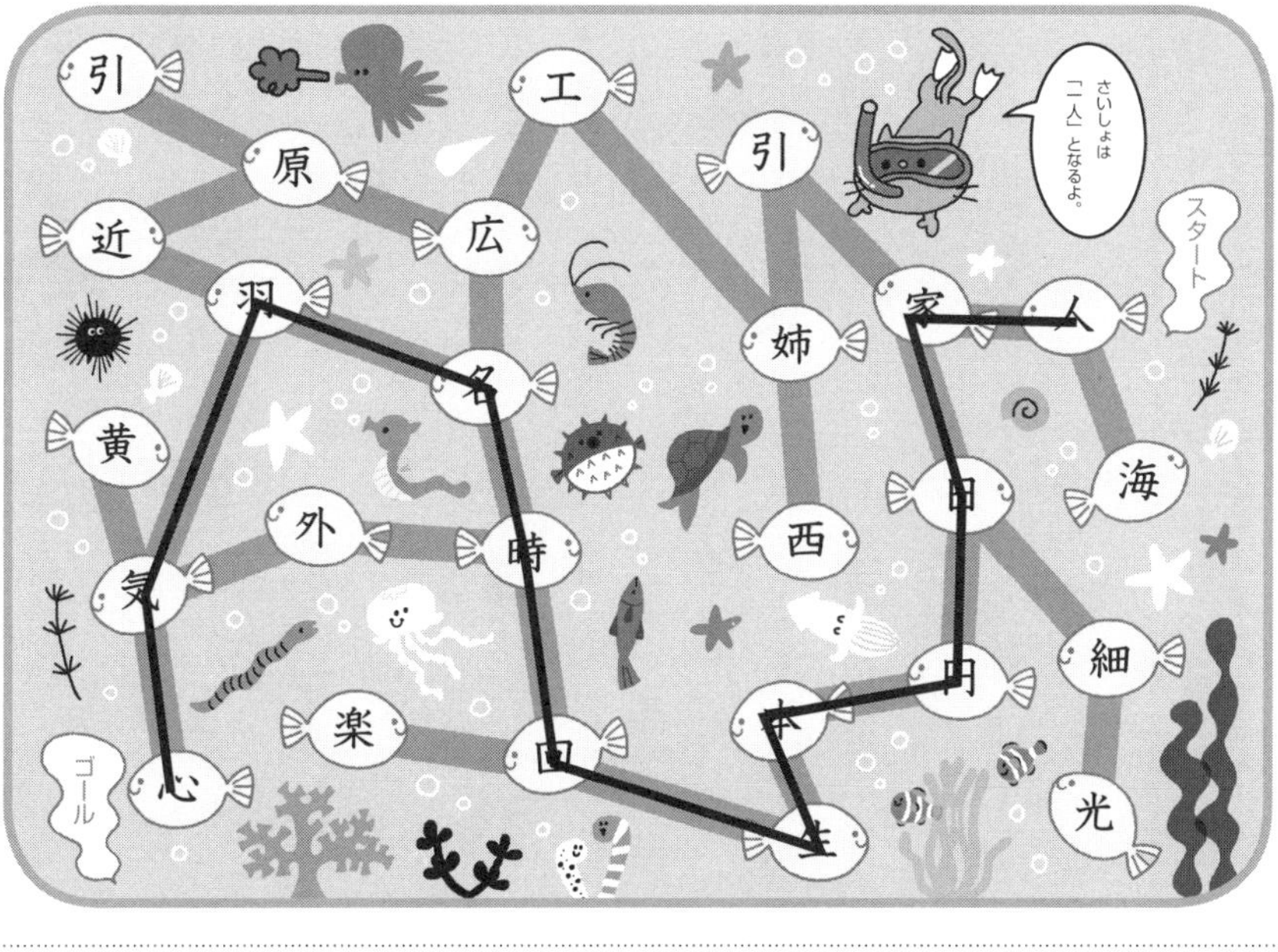

ステップ 16

≪ P.82

1

①じかん・ゆき
②きいろ・せん
③おも・き
④せん・ひ
⑤せい・み
⑥こん・せいてん

2

①切
②心
③親
④才
⑤耳

≪ P.83

3

①雪・晴・船・線
②星・親・場・秋
※四つの順番《じゅんばん》はちがっていても正《せい》解《かい》。

4

①線
②星
③切手
④雪
⑤船
⑥晴

ステップ 17

≪ P.86

1

①なつ・おお
②まるた・せいかつ
③ぜん・いわ
④く・た
⑤たいりょく・じ
⑥こうえん・はし

2

①前
②晴
③太
④姉

≪ P.87

3

①㋐き ㋑せつ
②㋐ほし ㋑せい
③㋐まえ ㋑ぜん

4

①引・組
②太・西
③力走
④前後
⑤多数
⑥水・体

ステップアップメモ

1 ⑤「体」には、「タイ」のほかに「からだ」という読《よ》みもあります。また、小学校ではならいませんが、「テイ」という読《よ》みもあります。

4 ②「太《たい》よう」の「太」は、「、」を書きわすれないようにしましょう。

ステップ 18

《 P.90

1
①ち
②ちか
③ちゃ
④だい
⑤ひる
⑥し

2
①㋐たい
㋑た
②㋐たい
㋑だい
③㋐じ
㋑ち

《 P.91

3
①場・地
②記・計
③図・国
④茶・草
⑤汽・池

4
①公園・池
②昼休
③台・魚
④茶色
⑤地図・広
⑥知人

ステップアップメモ

1
①②「電池《でんち》」の「池」と「地下室《ちかしつ》」の「地」は、漢字《かんじ》の形《かたち》がにているのでちゅういしましょう。
⑤「昼」には、「ひる」のほかに「チュウ」という読《よ》みもあります。「昼食《ちゅうしょく》」などとつかいます。

ステップ 19

《 P.94

1
①ちょくせん・はし
②おとうと・いぬ
③こうちょう・おんがくしつ
④いっつう・てがみ
⑤とり・と
⑥そうちょう・め

2
①㋑
②㋐
③㋐

《 P.95

3
①㋑
②㋑
③㋐

4
①鳥
②通
③直
④長
⑤朝
⑥弟

ステップ20

≪ P.98

1

①いわ・あ
②てんせん・き
③ふゆやす・けいかく
④とう・き
⑤じゅうじ・みせ
⑥でんしゃ・い（ゆ）

※「行く」は「ゆく」とも読《よ》む。

2

①店・広
②体・作
③時・晴
④雪・電
⑤線・組

≪ P.99

3

① 4
② 2
③ 13
④ 5
⑤ 1

4

①古・刀
②店・茶
③黒・当
④冬・間
⑤百点
⑥親・電

力だめし4

≪ P.100

1

①まえ・し
②さんすう・みなお
③いちだい・とお
④みせ・でんち
⑤ふね・く
⑥ひる・ちゃ
⑦こんしゅう・とう
⑧こうつう・たいせつ
⑨かたな・としょ
⑩おお・さかな
⑪あに・たい

ステップアップメモ

1

③「通」には、「ツウ・とお（る）・とお（す）・かよ（う）」の読《よ》みがあります。小学校ではならいませんが、「通夜《つや》」のように、「ツ」という読《よ》みもあります。

⑧⑪「たい」という読《よ》みのある漢字《かんじ》は、「大」「体」のほかに「太」「台」などがあります。

力だめし4

≪ P.101

2

①体・組・店・知

②地・朝・雪・台

※四つの順番《じゅんばん》はちがっていても正《せい》解《かい》。

3

① 1 首

2 長

② 3 太

③ 4 弟

5 走

④ 6 池

7 鳥

⑤ 8 点線

⑥ 9 昼食

10 電

≪ P.102

4

① 1

② 4

③ 9

④ 4

⑤ 3

5

①星

②雪

③体

④冬

⑤地

⑥朝

⑦弟

⑧晴

⑨切

⑩多

ひとやすみ クイズであそぼ！④

≪ P.103

①書

②科

③教

⇩

教科書

ステップ21

≪ P.106

1

①あたま
②よ
③とうきょう
④こた
⑤おな
⑥みち

2

①紙・細
②頭・顔
③算・答
④語・読
⑤通・道

≪ P.107

3

①兄
②雪
③頭
④夏
⑤線
⑥西

4

①東
②同時
③答・紙
④頭・走
⑤水道・水
⑥前・読書

ステップアップ メモ

2 ④「語」「読」と同《おな》じなかまの漢字《かんじ》には、「記」「計」「話」などがあります。

4 ⑤「水道《すいどう》」の「道」は、12画《かく》で書《か》く漢字《かんじ》です。書《か》く順《じゅん》番《ばん》にちゅういしましょう。

ステップ22

≪ P.110

1

①かいが・ばいばい
②しゃない・た
③えま・か
④みなみ・ぼし
⑤う・ちか
⑥にく・か

2

①肉
②親
③電
④刀
⑤鳥

≪ P.111

3

①内 ― 外
②はずれる ― 当たる
③売る ― 買う
④せまい ― 広い

4

①肉
②馬
③売
④南
⑤内
⑥買

ステップ 23

P.114

1
①きょう・ちち
②ひる・たいふう
③しゅう・なか
④みなみ・いちばん
⑤わ・みぎ
⑥こむぎ・つく

2
①新しい
②直す
③晴れる
④分ける

P.115

3
①は・ち
②ぜ・ん
③こ・と
④さ・ん
⑤う・な

4
①麦・広
②半年
③店・分
④父・出
⑤番犬
⑥風上

ステップアップメモ

1 ③「半《なか》ば」は、「半分《はんぶん》・中《なか》ごろ・とちゅう」といういみ。

2 ④「わける」は「分ける」と書《か》きます。「分る」と書《か》かないようにちゅういしましょう。

3 ③「今年《ことし》」はとくべつな読《よ》み方《かた》です。

ステップ 24

P.118

1
①き
②ほどう
③かあ
④ほう
⑤きた
⑥こめ

2
①風
②色
③弟
④北
⑤内

P.119

3
①馬
②米
③母
④読
⑤肉
⑥歩

4
①強・北風
②白米
③海・歩
④母・買
⑤新聞・読
⑥夕方・雨

ステップ 25

P.122

1

① とお・な
② まいあさ・うみ
③ ひがし・あか
④ いもうと・むし
⑤ ひろば・さんまんにん
⑥ けいと・つく

2

① ② ③ ④ ⑤

P.123

3

① 妹
② 万
③ 長
④ 明

4

① 毛
② 毎
③ 妹
④ 鳴
⑤ 万
⑥ 明

ステップ 26

P.126

1

① や・た
② ゆう・たいせつ
③ がみ・よう
④ せいもん・はい
⑤ よぞら・ほし
⑥ きょう・にちようび

2

① ㋑
② ㋐
③ ㋐

P.127

3

① 店・広
② 電・雲
③ 通・道
④ 曜・明
⑤ 姉・妹

4

① 水曜日
② 友
③ 校・野
④ 母・門・前
⑤ 夜・雪
⑥ 道・用

ステップアップメモ

1 ② 「友情《ゆうじょう》」は、「友《とも》だちにたいする思《おも》いやり」「友《とも》だちとしてのまごころ」といういみ。

4 ① 「水曜日《すいようび》」の「曜」は、18画《かく》で書《か》く漢字《かんじ》です。書《か》く順番《じゅんばん》にちゅういしましょう。

ステップ 27

≪ P.130

1

①はなし・よ
②らいねん
③はは・わ
④ふゆやす・く
⑤さと・はる
⑥ふる・り

2

①聞・買・北・分
②話・野・理・鳴
※四つの順番《じゅんばん》はちがっていても正《せい》解《かい》。

≪ P.131

3

①㋐夜 ㋑野
②㋐心 ㋑新
③㋐用 ㋑曜

4

①理
②来
③話
④里
⑤理
⑥来

ステップアップメモ

4 ③「話」には、「ワ・はな（す）・はなし」という読《よ》みがあります。「お話《はなし》」「話《はなし》をする」「むかし話《ばなし》」などは「はなし」と読《よ》みますが、「話《はな》し合《あ》い」「話《はな》し手《て》」「話《はな》しことば」などは、「はな」と読《よ》んで、「し」をひらがなで書《か》きます。

力だめし 5

≪ P.132

1

①な・あまど
②みち・はなし
③よ・こた
④もん・はは・ちち
⑤ひがし・あか
⑥よる・や
⑦㋐らい ㋑く
⑧㋐おな ㋑どう
⑨㋐け ㋑もう

≪ P.133

2

①
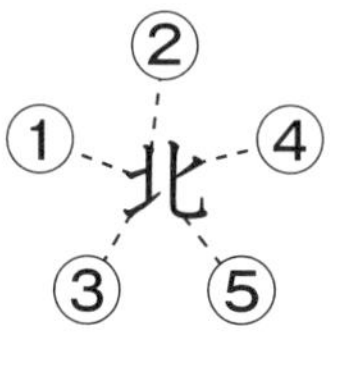

②
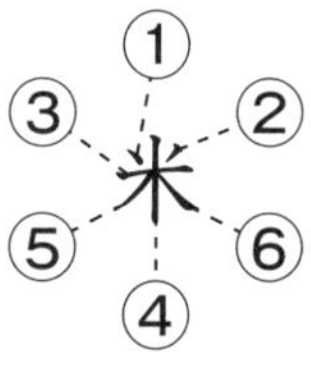

③
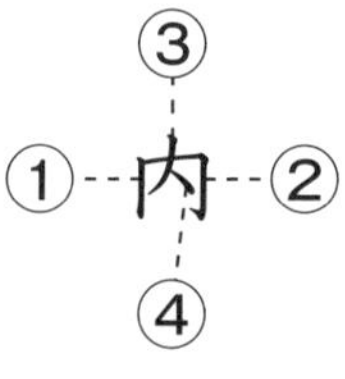

④
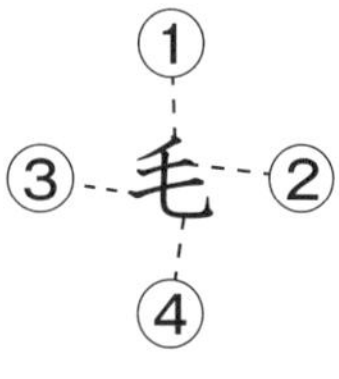

力だめし5

≪ P.133

3

①1 先頭　2 歩
②3 南風
③4 友　5 番
④6 小麦色
⑤7 妹　8 画用紙
⑥9 弟　10 半分

≪ P.134

4

① ア
② イ
③ ア

≪ P.134

5

① 1 汽　2 池
② 3 話　4 読
③ 5 通　6 道
④ 7 明　8 曜
⑤ 9 広　10 店

ひとやすみ クイズであそぼ！⑤

≪ P.135

スタート

父	弟	才	公	母
光	寺	冬	広	矢
食		市		牛
台	外	北	茶	回
用		馬	妹	弓
兄	姉	会	家	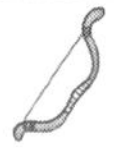

ゴール

P.136

1

1 ①あたら ②えん ③あね

2 ④つよ ⑤かぜ ⑥とり ⑦おやこ

3 ⑧は ⑨はら ⑩おも

4 ⑪にとう ⑫こうま ⑬えほん ⑭よ

P.136

5 ⑮いちだい ⑯まえ ⑰ひろ ⑱みち ⑲はし

6 ⑳おとうと ㉑こえ ㉒げんき

P.137

2

1 **2**　2 **6**　3 **5**　4 **13**　5 **12**

6 **2**　7 **5**　8 **3**　9 **6**　10 **2**

P.137

3

1 ①き

2 ②に ③わ

3 ④あ ⑤み

4 ⑥み

5 ⑦く ⑧い

P.138

4

1 門　2 記　3 同　4 高

P.138

5

1 らいねん

2 く

3 ちょっかく

4 なお

5 けいかく

6 はか

7 こうばん

8 ま

9 でんわ

10 はな

P.139

6

1 ①　2 ①

3 ②　4 ②

5 ①　6 ②

まとめテスト

P.139

7

1 ①国 ②図
2 ③週 ④通
3 ⑤算 ⑥答
4 ⑦雪 ⑧雲
5 ⑨海 ⑩活

P.140

8

1 南
2 内
3 魚
4 夜
5 岩
6 戸
7 少
8 売
9 細
10 聞

P.140

9

1 ①父 ②毎 ③朝
2 ④曜 ⑤午 ⑥後
3 ⑦秋 ⑧鳴

P.141

4 ⑨自 ⑩分 ⑪考 ⑫言

P.141

5 ⑬肉 ⑭野 ⑮食
6 ⑯明 ⑰光 ⑱星
7 ⑲麦 ⑳茶
8 ㉑色 ㉒紙 ㉓切
9 ㉔友 ㉕歩

ステップアップメモ

7

1 「口」はくにがまえ。「国」「図」のほかに、「園」や「回」などが同《おな》じなかまの漢字《かんじ》です。

4 「⻗」はあめかんむり。「雪」「雲」のほかに、「電」などが同《おな》じなかまの漢字《かんじ》です。

8

1 「北」「南」は方角《ほうがく》をあらわす漢字《かんじ》です。「東」「西」といっしょにおぼえておきましょう。

ステップアップメモ

9

1② 「毎」は「ノ→𠂉→𠂉→毎→毎→毎」の順番《じゅんばん》に書《か》きます。さいごに書《か》く画《かく》にちゅういしましょう。

2⑤ 「午」と形《かたち》がにている漢字《かんじ》の「牛」を書《か》かないようにちゅういしましょう。